Alfred B. Gottwaldt

Der Anhalter Bahnhof und seine Lokomotiven

alba

Umschlagbild:
Ankunft des Schnelltriebwagens aus Frankfurt am Main nach seiner Vorstellungsfahrt am 12. August 1935 auf dem Anhalter Bahnhof. Der „Fliegende Frankfurter" legte die 540 km lange Strecke in 5 Stunden und 6 Minuten zurück. Links im Bild die Schnellzuglokomotive 03 075 kurz vor der Abfahrt nach Halle an der Saale. Fotografie der Landesbildstelle Berlin.

Erschienen November 1986
Einbandentwurf Karlheinz Hartung, Düsseldorf
Layout Susanne Kreitzberg, Solingen
Herstellung Druckerei Rasch, Bramsche
ISBN 3-87094-215-0

Zum Geleit

Vergangenheit zu vergegenwärtigen, um sie für Zukunft zu retten, ist Aufgabe geschichtlicher Verantwortung und Zukunftssorge, ist Museumswerk.

Heute kaum mehr verständlich ist die ungeschichtliche Demontage der Vergangenheit durch die sinnlose Sprengung des Anhalter Personenbahnhofs, einer der weltweit schönsten und eindrucksvollsten Eisenbahnbauten, zu Beginn der sechziger Jahre. Doch den fast spurlos Verschwundenen wieder hinzuzaubern in minutiösem Nachbau, wäre nicht Aneignung der Geschichte durch Vergegenwärtigung, sondern ungeschichtlich sterile Retrospektive.

Das sachgemäße Medium der Vergegenwärtigung solcher entschwundenen Architektur ist nicht der Nachbau, sondern es sind Nachbild und Nachwort.

Beides trägt der Autor in Fülle und bisher kaum gesehenen Details zusammen, so daß ein lebendiges Bild eines der spannendsten Kapitel europäischer Verkehrsgeschichte vor den Augen wiederersteht und damit Trauer über gedankenlos Zerstörtes erträglich wird.

Doch nicht alles ist zerstört: Ein repräsentativer Personenbahnhof lebt von seinem Betriebsgelände und den tausenden dort Tätigen. Eben dieses Betriebswerk des Anhalter Bahnhofs mit seinen Lokschuppen und Werkstätten, seinen Wagenwaschanlagen und vor allem seinem eindrucksvollen Güterbahnhof stand während der für die Berliner Industriekultur so gefährlichen sechziger und siebziger Jahren den West-Berliner Planierraupen nicht zur Verfügung und konnte sich so, wenn auch arg beschädigt und von der Natur jahrzehntelang überwuchert, retten. Das Erhaltene, wenn auch Verfallende, wiederaufzubauen für kommende Generationen, ist Museumswerk. Deshalb wird dieser Teil des Anhalter Bahnhofs bald aus trauriger Brache fröhliche Urständ feiern als Berliner Museum für Verkehr und Technik.

Die vorliegende Dokumentation ist dazu eine kaum entbehrliche Grundlage. Und daß ihr Autor, bisher anerkannter Meister der Be-Schreibung von Eisenbahngeschichte, nunmehr in eben diesem Museum als Leiter des Fachbereichs Eisenbahn den Wiederaufbau des Anhalter Güterbahnhofs und Betriebswerks selbst betreibt, verspricht Buch und Museum Kompetenz.

Professor Günther Gottmann
Direktor des Museums
für Verkehr und Technik

Anhalter Bahnhof

Inhalt

Der Angehaltene Bahnhof

„Meist aber war in der Frühe das Ziel ein näheres. Nämlich der ‚Anhalter', laut des Namens Mutterhöhle der Eisenbahnen, wo die Lokomotiven zu Hause sein und die Züge anhalten mußten. Keine Ferne war ferner, als wo im Nebel seine Gleise zusammenliefen."
(Walter Benjamin: „Abreise und Rückkehr", in: Berliner Kindheit um Neunzehnhundert, geschrieben 1931)

Unter der Erde heißt es noch heute tagtäglich aus dem Bahnsteiglautsprecher „Anhalter Bahnhof", doch oben im Sonnenschein wächst nur allerhand Gras aus altem Schotter und zerbrochenen Ziegeln. Man kann sich mit der Reichsbahn immer noch eine Ladung Kohlen oder eine ausgemusterte Lokomotive nach der Station „Berlin Anhalter Bahnhof" bestellen, aber Fernfahrkarten dorthin verkauft sie seit über drei Jahrzehnten schon nicht mehr.

„Es gibt viele Gründe, den Anhalter Bahnhof auf diesem Papier aufzubauen", sagt der in Ost-Berlin wohnende Schriftsteller Heinz Knobloch. Er ist am Anhalter Bahnhof aufgewachsen, hat ihn als Kind von Dresden und von Kreuzberg seit 1935 dauernd vor den Augen und auch im Herzen gehabt: „Der Anhalter Bahnhof ist ein Kopfbahnhof gewesen. Ich bitte, sich seiner zu bedienen", ruft er allen Lesern hoffnungsvoll zu. Und den Kopf braucht jeder wirklich, der den Anhalter Bahnhof noch sehen und erleben will, denn er ist fort und wird nie wieder aufgebaut. Er war, trotz allem, ein Zweckbau, und heute gibt es keinen Zweck mehr für ihn. Die bescheidene Eisenbahn in Berlin kommt ohne diese Halle aus. Und schon vor fünfzig Jahren sollte sie doch zum Riesen-Schwimmbad umgewandelt werden, weil Hitlers Pläne zur Neugestaltung der Reichshauptstadt den Platz seiner Gleise beanspruchten. Wer kann, wer will das Rad der Geschichte zurückdrehen?

Der Anhalter Bahnhof ist aber auch ein Bahnhof der Erinnerung, der seine Bedeutung aus dem erhält, was man im Rückblick wichtig findet, und zugleich aus dem, was längst verblich. Jeder Reisende darf den Abschiedsschmerz vergessen und das Fernweh noch heute fühlen, das dieser Bahnhof ausgestrahlt hat, aber wir alle dürfen den riesigen „Pleitegeier" in der Halle niemals aus unseren Gedanken streichen, der bei der Ankunft so stolz machen sollte. Die größte Bahnhofshalle auf dem Kontinent, die schnellsten Dieseltriebwagen Europas sind kaum zu trennen von dem dauernden Wunsch nach Weltmacht, nach Stromlinie zum Zudecken von Widersprüchen, nach einem Untergang im Übermut.

Der Anhalter Bahnhof in Berlin ist ein unheimliches Symbol deutscher Geschichte. Als er 1880 eröffnet wurde, war das Kaiserreich Wilhelms I. kaum zehn Jahre alt. Berlin hatte (im Umfang von 1920) rund

1321000 Einwohner und wuchs zur Viermillionenstadt von 1945 heran, ehe Metropole und Bahnhof zerstört wurden. Wie bei allem, was wir verschenkt oder verloren haben, sind die Schattenseiten verdrängt: rauchende Schlote, lärmende Maschinen, braune Hemden und schließlich schwarze Uniformen. Man kann auch heute noch wehmütig an den Anhalter Bahnhof denken, doch in unserer Geschichte war seine Zeit wohl abgelaufen. Wer das erkennt, braucht keinen Wiederaufbau mehr.

Mit diesem Buch soll Material geliefert werden, das zu verstehen. Die Geschichte des Bahnhofs beginnt im Brachland vor Berlin mit ein paar Windmühlen, die 1840 der Eisenbahn weichen mußten. Schon drei Jahrzehnte später wurde der erste Bahnhof auf die Müllhalde der Geschichte geworfen, und kein Mensch weint ihm bis heute eine Träne nach. Das malerische „Provisorium“ von 1874 bis 1880 kennt gleichfalls niemand mehr, und in diesen Blättern wird ihm wenigstens etwas Gerechtigkeit zuteil, denn auch dieser Bau war noch bis 1911 in Kreuzberg präsent. Rund um den Anhalter Bahnhof sind schon beim Hochbahnbau 1901 viele Gebäude gefallen, und für Speer und Hitler ab 1938 noch viel mehr.

Literatur über den Anhalter Bahnhof ist schon vorhanden: Von Helmut Maier („Berlin Anhalter Bahnhof“, Berlin 1984) eine tiefschürfende Architekturgeschichte, welche hiermit um eine handliche Geschichte der Züge und Lokomotiven ergänzt werden soll; dazu die enorme Fülle an historischen Aufsätzen, die aber ebenfalls den Lokomotivdienst zumeist übersehen haben. Eine grundlegende Abhandlung über Verkehr und Betrieb am Anhalter Bahnhof erhoffen wir uns aus einer in Vorbereitung befindlichen Arbeit von Rainer Knothe, der über die Betriebsabläufe und die Arbeit am Bahnhof ab 1900 berichten will. Material dazu wird noch gesammelt und an das staatliche Museum für Verkehr und Technik in D-1000 Berlin 61, Trebbiner Straße 9, zur Weitergabe erbeten: „Zum Bereich des Anhalter Bahnhofs zählen der Personenbahnhof mit Gepäck- und Expressgutabfertigung sowie alle Nebenanlagen; alle Stellwerke bis zur Papestraße; der gesamte Güterbahnhof zwischen Landwehrkanal und Yorckstraße sowie südlich der Kolonnenbrücke (ehem. Militärbahnhof); das Bahnbetriebswerk südlich des Kanals mit Betriebswagenwerk, Schuppen für Vorortlokomotiven und Regierungszüge südlich von der Yorckstraße und ehemaliger Güterzuglokomotivschuppen direkt an der Kolonnenbrücke mit später vorgelagertem Triebwagenschuppen; die Wagenbehandlungsanlagen südlich und nördlich der Kolonnenbrücke, alle zugehörige Gleisanlagen“ (Knothe).

Damit ist auch der Bereich umrissen, der in diesem Buch eher in Form eines Mosaiks dargestellt ist: Es geht um Lokomotiven und Bahnhofsarchitektur, um die Reisenden und die Züge, die den verblichenen Mythos „Anhalter Bahnhof“ ausmachen. Loknummern und Fahrpläne, Bahnsteigkarten und Billets, Architekturskizzen und Erlebnisberichte ergänzen eine Fülle historischer Berliner Fotografien von Rückwardt bis Tietzenthaler, von Haeckel bis Eschen und von Weinrother bis Ries, Eisenbahnfotos von Hubert, Kreutzer, Pierson, Tausche, Kronawitter, Treichel, Spieser und Grimm zu einem ansehnlichen Gesamtbild.

Dieses Material befindet sich heute in den Sammlungen des Berliner Museums für Verkehr und Technik, der Landesbildstelle, des Ullstein-Bilderdienstes, des Bildarchivs Preußischer Kulturbesitz, des Bildarchivs Süddeutscher Verlag, des Verkehrsmuseums Nürnberg und privater Sammler. Ohne ihre Unterstützung wäre dieses Buch nicht zustande gekommen, und dafür sei ihnen herzlich gedankt. Und wenn der Leser beim Betrachten der Bilder noch etwas von der Atmosphäre verspürt, die den Anhalter Bahnhof umgeben konnte, hat diese Arbeit ihren Zweck erfüllt.

A. G.

„Die Berlin-Anhaltische Eisenbahn"

Vom Geheimen Baurat Wiesner
(Berlin und seine Bauten, 1896)

Der Berliner Bahnhof der von Berlin über Wittenberg nach Köthen führenden Berlin-Anhaltischen Eisenbahn, welcher in den Jahren 1839 und 1840 erbaut und im September 1840 in Betrieb genommen ist, beschränkte sich anfänglich auf das von dem Askanischen Platze, der Möckernstrasse, dem Landwehrcanal und den Grundstükken der Schöneberger Strasse begrenzte Gelände. An dem Askanischen Platze lag das in den bescheidensten Formen und Abmessungen ausgeführte Empfangsgebäude, ein Kopfbau mit zwei schmalen Bahnsteighallen von nur 16,50 m lichter Weite zwischen den äußeren Wänden dieser Hallen. Die Gleise lagen auf Straßenhöhe; der Landwehrcanal wurde auf einer Drehbrükke überschritten.

Die Ausdehnung des Bahnnetzes, zu welchem im Jahre 1847 die Linie Jüterbog-Röderau und in den Jahren 1857–1859 die Linien Wittenberg-Bitterfeld-Halle und Dessau-Bitterfeld-Leipzig hinzutraten, gab zu wiederholten Erweiterungen der Bahnanlagen Veranlassung. Der Verkehr der Bahn entwickelte sich aber in so kräftiger Weise, daß sich schon bald nach dem Ausbau des Bahnnetzes die Nothwendigkeit einer über das bisherige Bahnhofsgelände hinausgehenden Vergrösserung der gesamten Anlagen als unabweislich herausstellte.

Nachdem im Laufe der Jahre die hierzu erforderlichen Grunderwerbungen jenseits des Landwehrcanals in großem Umfange bewirkt waren, begann die Gesellschaft, an deren Spitze als technischer Leiter der Geh. Ober-Baurath a. D. Siegert stand, im Jahre 1872 die Umwandlung der Bahnhofsanlage nach einem nicht nur das gegenwärtige Bedürfnis, sondern auch die Möglichkeit weiterer Entwicklung ins Auge fassenden Plane. Zwischen dem Landwehrcanal und der Colonnenstraße wurde ein neuer, großer Güter- und Rangirbahnhof angelegt, dessen Gestaltung, wenn auch im Laufe der Jahre einzelne Vergrößerungen vorgenommen werden mußten, im allgemeinen unverändert beibehalten worden ist. Jenseits der Ringbahn bei Tempelhof wurde eine umfangreiche, später vielfach vergrößerte Werkstättenanlage erbaut. Durch Höherlegung der gesamten Bahnanlagen wurde es ermöglicht, die Planübergänge der Straßen und die Drehbrücke über den Landwehrcanal zu beseitigen und die Gleise über den letzteren auf einer eisernen Bogenbrücke von 29 m lichter Weite und über die auf beiden Seiten des Canals liegenden Straßen, die Hallesche und Tempelhofer Uferstraße sowie über die Yorkstraße, auf Wegeunterführungen von je drei Oeffnungen zu führen, welche mit Blechträgern auf vier Stützen überdeckt sind. Gewählt wurde für die Uferstraßen eine lichte Höhe von 4,39 m und eine Weite von 13,20 m bezw. 15 m für die Fahrbahn und 4,70 m bezw. 5,70 m für die Fußgängerwege. Die Unterführung der Yorkstraße erhielt ähnliche Abmessungen wie die Tempelhofer Uferstraße.

Das durch die Verlegung des Güterverkehrs frei gewordene Bahngelände zwischen dem Askanischen Platze und dem Landwehrcanal wurde in seiner ganzen Ausdehnung zur Anlage des neuen Personenbahnhofes bestimmt. Bei der hohen Lage der Gleise gestaltete sich die Anlage des prächtigen, von dem Baurath Schwechten entworfenen und ausgeführten Empfangsgebäudes als eine zweigeschoßige. Der Zugang zu der ebenerdigen Eintrittshalle erfolgt von dem Askanischen Platze aus. Auf den beiden Schmalseiten der Halle befinden sich die Fahrkartenausgabe und die Gepäckannahme. An der Möckernstraße ist eine Ausgangshalle in Verbindung mit der Gepäckausgabe und dem Droschkenhalteplatze angeordnet. Von beiden Hallen aus führen breite bequeme Treppenanlagen zu den Warteräumen und der großartigen 60,72 m breiten, 167,80 m langen, an den Längsseiten von 19,20 m hohen Wänden eingefassten Bahnsteighalle, deren eiserne Dachbinder auf den Längswänden ihre Auflager finden und in der First 34,25 m über den Bahnsteigen liegen. In den nach der Halle zu von den Längswänden begrenzten Seitenbauten des Empfangsgebäudes sind die Räume für Höchste Herrschaften, die Warteräume I. und II. Klasse und die Diensträume an geordnet, während in gleicher Höhe in dem Vorderbau die Wartesäle III. und IV. Klasse, einige Versammlungs-Säle und Nebenräume untergebracht sind.

Die allgemeine Anordnung des äußeren Aufbaues, bearbeitet vom Baurath Schwechten, entwickelt sich in natürlicher Weise aus der Grundrißgestaltung. Als Hauptkörper überragt der mit einem flachbogigen Dache geschlossene, von vier Eckpylonen eingefaßte Bahnsteighallenbau, die Bestimmung des Gebäudes zum entschiedenen Ausdruck bringend, die übrigen Baumassen. An die durch mächtige Pfeilervorlagen gegliederten Längsseiten der großen Bahnsteig-Halle schließen sich die zweigeschossigen Seitenflügel mit flachen Pultdächern als Nebenschiffe an.

Vor der Vorderseite der Bahnsteighalle ist ein Kopfgebäude angeordnet, welches seitlich durch Risalite abgeschlossen und gegliedert, in der Mitte durch den höher geführten Eintrittshallenbau belebt wird. Die Höhenmasse der einzelnen Theile des Kopfbaues und ihre Anordnung im Grundriß sind derartig abgestimmt, daß sie die Wirkung des Bahnsteighallenbaues vom Askanischen Platze aus nicht beeinträchtigen. Als Baumaterial für die Façaden sind hauptsächlich Verblend- und Formsteine unter mäßiger Terracotten-Verwendung von einem lederfarbigen warmen Farbenton aus der Fabrik der Greppiner Werke zur Verwendung gelangt.

Alle dem Schlagregen ausgesetzten Theile, Sockel, Gurtgesimsplatten, Fenster-Sohlbänke und Abdeckungsplatten der Hauptgesimse, sind von Velpker Sandstein angefertigt.

Zu der Außenarchitektur des Bauwerks steht die Innenarchitektur der großen Bahnsteighalle in engster Beziehung und das Material ist das gleiche, nur daß in der Halle Rochlitzer Sandstein für den durchlaufenden Sockel gewählt worden. Für den ästhetischen Eindruck der Halle ist vor allem die Zerlegung derselben in eine kleinere Anzahl großer Systeme und der mächtige Maßstab, welcher den Pfeilern und Fenstern dieser Systeme gegeben worden ist, als charakteristischer Unterschied den übrigen Hallen der Berliner Empfangsgebäude gegenüber zu erwähnen. Die Gliederung der Längswände der Halle entspricht den in 14 m Achsweite angeordneten Bindersystemen, welche aus je zwei 3,50 m von einander entfernten Bogenfachwerkträgern bestehen.

Von dem an der Vorderseite der Bahnsteighalle liegenden Kopfbahnsteige führen zwei Seiten- und zwei Mittelbahnsteige zu den sechs Ein- und Ausfahrtsgleisen und den Seitenbauten. Die Anlage des Kopfbahnsteiges erleichterte im Jahre 1893 die Durchführung der Bahnsteigsperre sehr. Durch ein eisernes Gitter, in welchem eine

Zahlen von der B.A.E.

Jahr	Länge km	Reisende	Fracht in t	Lokomotiven	Wagen
10. Sept. 1841 bis 31. Dec. 1842	150	318659	21450	21	355
1848	232	330024	54915	31	333
1853	232	397457	155126	35	459
1857	258	484577	287804	50	828
1860	356	681878	411053	61	953
1863	368	883571	575920	66	1062
1866	368	1257686	780539	75	1350
1868	368	1214170	903861	78	1576
1870	368	1611567	1031207	84	1741
1872	368	1925484	1545084	92	2203
1874	450	2645718	2081250	131	3252

(nach Pinkenburg, Z.d.A.I.V. Hannover 1884)

größere Anzahl nach Bedarf zu öffnender Thüren angebracht sind, ist der Kopfbahnsteig in der Längsrichtung in zwei Hälften getheilt; von denen die eine dem freien Verkehre dient, während die andere nur den Reisenden oder den mit Bahnsteigkarten versehenen Begleitern zugänglich ist. Um letzteren den Zutritt zu der Bahnhofswirthschaft von dem abgesperrten Bahnsteige aus zu ermöglichen, ist ein Theil des Wartesaales I. und II. Klasse durch ein hölzernes Gitter in die Absperrung einbezogen. Der Gepäck- und Postverkehr zwischen den hochliegenden Bahnanlagen und den zur ebenen Erde angebrachten Diensträumen wird durch Druckwasser-Aufzüge vermittelt.

Der stetig anwachsende Personenverkehr schwoll im Jahre 1882 dadurch besonders stark an, daß am 15. October der Personenverkehr der Berlin-Dresdener Eisenbahn, welche in den Jahren 1872–1875 im unmittelbaren Anschluß an die Anhaltische Bahn in einfachster Weise erbaut war, nach dem Anhalter Personenbahnhofe verlegt wurde. Eine weitere außergewöhnliche Zunahme des Personenverkehrs wurde durch die Einführung des Vorortverkehrs nach Groß-Lichterfelde und Zossen bewirkt. Zur Zeit laufen täglich auf dem Anhalter Personenbahnhofe 24 Schnellzüge, 27 Personenzüge und 85 Vorortzüge ein und aus.

Die Vereinigung des Güterverkehrs der Berlin-Dresdener Eisenbahn mit dem der Berlin-Anhaltischen Eisenbahn führte für die letztere einen erheblichen Verkehrszuwachs, gleichzeitig aber auch eine bedeutende Vergrößerung der Gleis- und Bahnhofsanlagen herbei. Allerdings war die Verbindung zwischen den beiden getrennt angelegten Güterbahnhöfen eine wenig günstige. Immerhin trat aber durch die Vereinigung der beiden Güterbahnhöfe eine Erleichterung für den stark belasteten Anhaltischen Güterbahnhof ein, auf welchem sich bis dahin das gesamte Rangirgeschäft abwickelte. Im Jahre 1888 erwiesen sich trotzdem die vorhandenen Anlagen für den ungemein angewachsenen Güterverkehr als nicht mehr genügend, so daß zur Anlage eines besonderen Rangirbahnhofes bei Tempelhof im Anschluß an die Werkstättenanlagen und den Bahnhof Tempelhof der Ringbahn geschritten werden mußte, welcher im Februar 1889 dem Betriebe übergeben wurde. Zwei Jahre später erfuhr der Rangirbahnhof eine Vergrößerung durch Erbauung einer Umladehalle und Vermehrung der Gleisanlagen. Die zur Entlastung der Güterschuppenanlagen auf dem Berliner Bahnhofe erforderliche Verlegung des Umladeverkehrs brachte für den Rangirbahnhof Tempelhof einen gewaltigen Verkehrszuwachs. Zur Zeit werden an der Umladehalle täglich 220 Achsen entladen und ebenso viele beladen. Trotz der dadurch herbeigeführten Entlastung der Güterschuppenanlagen des Berliner Güterbahnhofes reichen die Güterschuppenanlagen zur Bewältigung des sehr bedeutenden Güterverkehrs nicht mehr aus, so daß die Erbauung eines besonderen Eilgutschuppens im Anschluß an die vorhandene Schuppenanlage und eine Vergrößerung des Zollschuppens, in welchem seit April 1886 der Zollgutverkehr des Potsdamer Bahnhofes mit dem der Anhalter Bahn vereinigt ist, angeordnet werden mußte.

Zum Schluß sei noch erwähnt, daß das für den Güter- und Rangirverkehr nicht erforderliche Gelände des Anhaltischen und Dresdener Bahnhofes in großem Umfange zu Lagerplatzzwecken verpachtet ist.

1. Kapitel

Die frühe Zeit von 1840 bis 1880

Der erste „Anhalter Bahnhof" anno 1841.
Ziele und Züge der Berlin-Anhaltischen Eisenbahn.
Die ersten Dampflokomotiven im Dienst der Privatbahn.
Der Bahnhof wird zu eng.
Der Architekt Franz Schwechten kommt.

In ihrer Lokomotivgeschichte hat die Berlin-Anhaltische Eisenbahn als eine der ältesten deutschen Bahngesellschaften und als erste Fernbahnstrecke Berlins alle für die Frühzeit typischen Entwicklungen mitgemacht. Man begann mit ausländischen Maschinen, allerdings nicht aus Amerika wie bei der Potsdamer Bahn, sondern aus England und Belgien, und gewann bald eine junge einheimische Fabrik zum Hauslieferanten. Borsig und die Anhalter Bahn waren in den vier Jahrzehnten zwischen Gründung und Verstaatlichung der Gesellschaft eng miteinander verbunden.

Über ihre frühen Lokomotiven hat der Lokomotivhistoriker Friedrich Schadow (1906–1982) für das „Verkehrsmuseum Berlin" eine Übersicht zusammengestellt: „Die BAE beschaffte von 1841 bis 1881 insgesamt 185 Lokomotiven, von denen beim Übergang der Bahn in Staatsbesitz noch 147 vorhanden waren. Es waren 104 Personen- und Schnellzuglokomotiven (57 Stück 1A1, 1 Stück 2A1, 46 Stück 1B), 77 Güterzugloks (44 zweifach und 33 dreifach gekuppelte) und 4 Tenderloks angeschafft. 15 Loks stammten von Stephenson, 1 aus Brüssel (Société du Renard) und 4 Tenderloks von Schichau, alle anderen 165 von Borsig aus Berlin. Alle Lokomotiven, ausgenommen Nr. 169–177, trugen Nummern- und Namensschilder, die allerdings nach der Verstaatlichung bis auf einige wenige wegfielen. An den Lokomotiven wurde am preußischen Adlerschild ein kleines Schildchen mit den Buchstaben BAE angebracht.

Die 15 ältesten Loks von Stephenson hatten Innenzylinder und Außenrahmen. Noch vor Anlieferung der letzten Stephenson-Lok wurde die erste Borsig-Lok im Jahre 1841 übernommen. 1842 folgten bereits zwei, 1843 drei weitere Borsig-Lokomotiven. 1844 kamen die letzte ausländische Lok und drei Borsig-Loks, darunter die BEUTH. 1847 kamen die ersten 1B-Güterzuglokomotiven.Die bis 1847 gelieferten 13 Borsig-Loks hatten den Stehkessel mit Rundkuppel nach Norris. 1848 bis 1861 folgten 48 Stück 1A1-Personen- und Schnellzugloks von Borsig mit Stehkesseln mit Vierseitkuppel. Vier weitere 1A1-Loks hatten hoch überhöhte, halbzylindrische Stehkesseldecken.

1865 wurde die B1 als Güterzuglok eingeführt. Sie wurde bis 1872 in 22 Stück beschafft. 1866 bis 1881 kamen 44 Stück 1B-Personen- und Schnellzugloks dazu, 1873 bis 1875 33 Stück C-Güterzugloks und

1874 die einzigen 4 Stück B-Tenderloks, eine Gelegenheitskauf von Schichau in Elbing."

Als Aktiengesellschaft war die B.A.E. stets darauf bedacht, nicht mehr Geld als nötig für neue Lokomotiven auszugeben. Erst wenn Kapazität fehlte oder die Zugförderung unwirtschaftlich wurde, schaffte sie neue Fahrzeuge an. Dazu erklärt der Geschäftsbericht von 1846: „Die Lokomotiven unserer Bahn sind fast ohne Ausnahme zu schwach und den jetzigen Verkehrsverhältnissen nicht mehr angemessen. Die Güterzüge sind in der Regel so stark, daß von den dazu vorhandenen vier Maschinen mit gekuppelten Treibrädern selten eine – und nur bei guter Witterung – zur Fortschaffung eines Zuges ausreicht, sondern gewöhnlich einer Vorspannmaschine bedarf. Dasselbe ungünstige Verhältnis findet bei den Personenzügen statt, da alle dafür bestimmten Maschinen, mit Ausnahme der zuletzt angeschafften Lokomotiven VORWÄRTS, GERMANIA und BEUTH, kleine Kessel und Zylinder von 10,6 bis 12,1 Zoll Durchmesser besitzen. So mussten von 2520 Zügen im Jahre 1846 insgesamt 929 Züge mit zwei Maschinen und 53 Züge sogar mit drei Maschinen befördert werden."

Die ersten Lokomotiven der B. A. E.

Bahn-Nr.:	Name	Bauart	Erbauer	Jahr	F.-Nr.:	Triebwerk
1	Ascania	1A1	Stephenson	1840	253	305/457/1829
2	Adler				254	
3	Hirsch				259	
4	Courier			1841	258	317/457/1829
5	Comet				252	305/457/1829
6	Hercules	B1	Stephenson	1840	281	350/451/1372
7	Atlas			1841	283	
8	Centaur				282	
9	Sirius				280	
10	Borsig	2A1	Borsig	1841	1	279/457/1370
11	Fortuna	1A1	Stephenson	1841	290	305/457/1829
12	Stephenson				291	
13	Strauss				292	
14	Vulcan				293	
15	Atlante				294	
16	Pegasus				295	
17	Berlin		Borsig	1842	2	279/470/1372
18	Pfeil				4	
19	Blitz	1A1	Borsig	1843	14	305/502/1524
20	Greif				16	
21	Faust				15	
22	Brüssel	1A1	Brüssel	1844	...	305/457/1626
23	Germania	1A1	Borsig	1844	26	330/559/1524
24	Vorwärts				25	
25	Beuth				24	

(nach Schadow)

1 Ansicht der Bahnhofs-Anlage für die Berlin-Sächsische Eisenbahn, entworfen 1838 durch Rosenbaum und Holtzmann, mit dem davorliegenden Platz an der damaligen Hirschelstraße vor der Berliner Stadtmauer. Auf beiden Seiten des Empfangsgebäudes befinden sich Verwaltungsbauten, außerdem sind seitlich auf dieser Lithographie noch die geplanten Torhäuser zu erkennen. Damals hatte Berlin 324000 Einwohner.

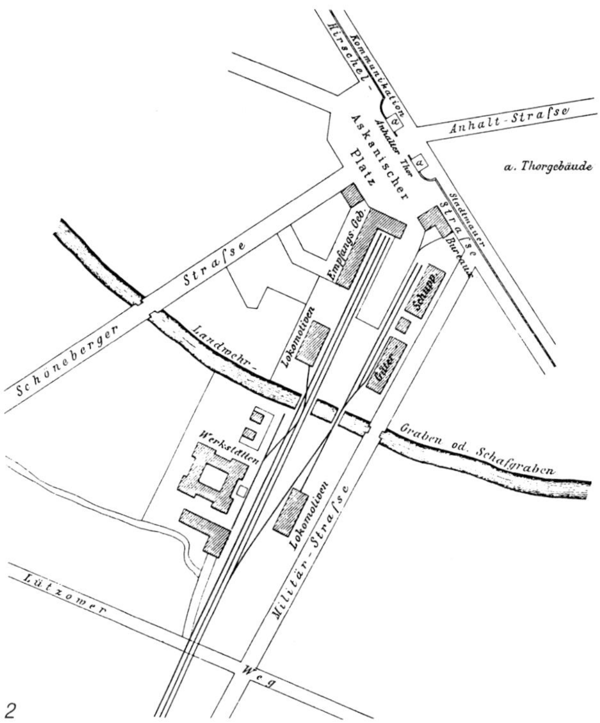

2 Nach mehrmaliger Neuplanung der Strecke und ihres Berliner Bahnhofs selbst nahm die Berlin-Sächsische Eisenbahn im März 1840 den Namen „Berlin-Anhaltische Eisenbahn-Gesellschaft (B. A. E.)" an und baute bis 1842 diese Station vor dem Anhalter Tor, die rund drei Jahrzehnte bestand. Die Hirschelstraße heißt heute Stresemannstraße, während der Schafgraben bald durch den in etwas anderen Bahnen verlaufenden Landwehrkanal ersetzt worden ist. Skizze aus der Zeitschrift des Architekten- und Ingenieurvereins Hannover von 1884.

3 Die Bahnsteigseite des Berlin-Anhaltischen Eisenbahnhofs zu Berlin um 1850. Auf dem Perron links sind Reisende vor der Abfahrt zu sehen, während sich eine Dampflokomotive vor den Zug auf dem mittleren Gleis setzt. Ein Hallendach überspannt drei Gleise. Nach einer alten Lithographie, wie sie auch zum Schmuck von Schulheften verwendet wurde.

4 Bahnstrecken rund um Berlin im Sommer 1855. Noch fehlen die Ostbahn nach Küstrin und die Görlitzer Bahn nach Cottbus, natürlich auch die Dresdener Bahn. Die Berlin-Anhaltische Bahn ist mit den Linien von Berlin über Dessau nach Cöthen und von Jüterbogk nach Röderau eingetragen. Im Westen berührte sie die Magdeburg-Cöthen-Halle-Leipziger Bahn, im Süden die Leipzig-Dresdener Bahn. Ab 1857 baute sie die Verbindungsstrecken um Bitterfeld und Wittenberg. Aus dem Eisenbahn-Reise-Manual vom Mai 1855, herausgegeben von der Allgemeinen Dampf-Anzeige-Gesellschaft (Reprint 1985)

3

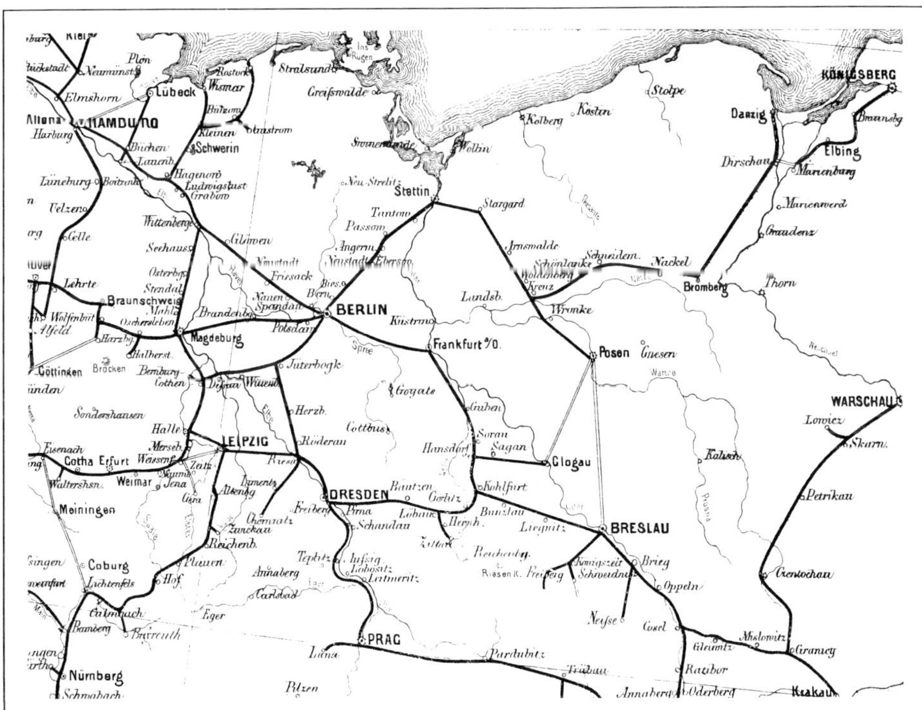

4

5

Berlin-Anhaltische Eisenbahn.

Fahr-Plan

für die Sommermonate 1842,

vom 13. März an, täglich.

Personenzüge von Berlin.

(Mit Eilfracht.)

Abfahrt von	1ster.	2ter.
„ „ Berlin ...	7 Mrgs.	11¾ Vrmt.
„ „ Trebbin ..	7¾ „	12½ „
„ „ Luckenwalde	8¼ „	1 Nchm.
„ „ Jüterbog .	8¾ „	1½ „
„ „ Zahna ...	9¼ „	2 „
„ „ Wittenberg	9¾ „	2½ „
„ „ Koswig...	10 Vorm.	2¾ „
„ „ Roßlau ..	10½ „	3¼ „
„ „ Deßau ...	11 „	3¾ „
Ankunft in Cöthen	11¾ Mtgs.	4½ „

Abfahrt von Cöthen nach Leipzig 12½ Mtgs. und 5½ Abds.
„ „ Leipzig nach Dresden 4 Nachmittags
„ „ Cöthen nach Magdeburg 12¾ Mtgs. und 5½ Abds.

Personenzüge von Cöthen.

(Mit Eilfracht.)

Abfahrt von	1ster.	2ter.
„ „ Cöthen ...	8 Mrgs.	1 Mtgs.
„ „ Deßau ...	8½ „	1½ „
„ „ Roßlau ..	8¾ „	1¾ „
„ „ Koswig...	9¼ „	2 Nchm.
„ „ Wittenberg	9¾ „	2½ „
„ „ Zahna ...	10 Vorm.	2¾ „
„ „ Jüterbog .	10¾ „	3½ „
„ „ Luckenwalde	11¼ „	4 „
„ „ Trebbin ..	11¾ „	4½ „
Ankunft in Berlin	1 Mtgs.	5¾ Abds.

Ankunft in Leipzig 2½ Nachm. und 7½ Abends.
„ „ Dresden 7½ Abends.
„ „ Magdeburg 2¼ Nachm. und 7 Abds.

Güterzug für die Zwischen-Stationen

womit auch Personen in II. und III. Wagenklasse befördert werden.

Von Berlin nach Cöthen.

Abfahrt von Berlin . . .	6¼	Abends.
„ „ Großbeeren .	6¾	„
„ „ Ludwigsfelde	7	„
„ „ Trebbin . .	7¼	„
„ „ Luckenwalde.	7¾	„
„ „ Jüterbog . .	8¼	„
„ „ Zahna . . .	9	„
Ankunft in Wittenberg.	9¾	„
Abfahrt von Wittenberg.	5½	Morgens.
„ „ Koswig . .	5¾	„
„ „ Roßlau . .	6¼	„
„ „ Deßau . . .	6¾	„
Ankunft in Cöthen . . .	7½	„

Von Cöthen nach Berlin.

Abfahrt von Cöthen . . .	5½	Abends.
„ „ Deßau . . .	6	„
„ „ Roßlau . .	6¼	„
„ „ Koswig . .	7	„
Ankunft in Wittenberg .	7¾	„
Abfahrt von Wittenberg .	6½	Morgens.
„ „ Zahna . . .	6¾	„
„ „ Jüterbog . .	7½	„
„ „ Luckenwalde	8½	„
„ „ Trebbin . .	9	„
„ „ Ludwigsfelde	9¼	„
„ „ Großbeeren .	9½	„
Ankunft in Berlin . . .	10¼	Vormit.

5 Das erste Teilstück der Bahn von Dessau bis Cöthen (21,3 km) wurde am 1. September 1840 in Betrieb genommen, der zweite Teil von Berlin bis Jüterbogk (62,8 km) am 1. Juli 1841. Die Gesamtstrecke wurde am 10. September 1841 eröffnet. Die beiden ersten Züge zogen die Lokomotiven „Courier“ und „Borsig“. In diesem Plakat ist der Sommerfahrplan 1842 wiedergegeben, der drei Zugpaare umfaßte. Der Güterzug übernachtete übrigens in Wittenberg.

Güterzug zwischen **Berlin, Magdeburg** und **Leipzig.**

Abfahrt von **Berlin** 7 Uhr 10 Min. Morgens. | **Abfahrt** von **Leipzig** 6¼ Morgens
Abfahrt von **Magdeburg** 6½ Morgens

Die mit diesen Zügen verladenen Güter treffen noch an demselben Tage an ihren Bestimmungsorten ein.
Mit denselben werden weder in der Richtung von Berlin noch von Cöthen Personen mit befördert; sie laden auch auf keiner andern Zwischenstation, als Wittenberg und Deßau, Güter ein oder ab.
An den Montagen (außer in den Meßzeiten) fällt dieser Güterzug aus.

Station Berlin.

Tarif für Personengeld, Ueberfracht beim Gepäck, und Equipagen-Transport.

Nach:	Personengeld.			Ueberfracht. 10 Pfund à Person sind frei, für Mehrgewicht ist zu zahlen:			Equipagen-Transport.		
	Wagenklasse I.	II.	III.	von 1 bis 60 ℔.	von 61 bis 110 ℔.	von 111 bis 160 ℔.	Einspännige.	Zweispännige leichte.	Schwere.
	Sgr.	Sgr.	Sgr.	Sgr.	Sgr.	Sgr.	Thlr.	Thlr.	Thlr.
Großbeeren	—	10	6	1½	2½	4			
Ludwigsfelde	—	13	8	2	3½	5			
Trebbin	30	20	12	2½	4½	7	—	—	—
Luckenwalde	40	27	17	3½	6½	10	—	—	—
Jüterbog	55	35	22	4½	8½	12½	6	7½	9
Zahna	70	45	28	5½	11	16½	—	—	—
Wittenberg	80	52	32	6½	13	19½	8½	10½	12½
Koswig	90	60	36	7½	14½	21½	—	—	—
Roßlau	100	63	42	8½	16½	25		—	—
Deßau	105	70	44	9	17½	26	10⅚	13½	16¼
Cöthen	120	80	50	10	20	30	12	15	18
Magdeburg	4th. 20sg.	3th. 5sg.	2 Thlr.	13½	26⅔	40	16⅔	20¼	25
Leipzig	5th. 15sg.	3th. 20sg.	2th. 10sg.	14½	29	43½	18	21¾	27
Halle	4th. 29sg.	3th. 9sg.	2th. 1½s.	12½	25	37½	15	18¾	22½

Fahrbillete, direct bis Magdeburg, Leipzig und Halle (ohne Umladen des Gepäcks in Cöthen) können nur von Berlin ab gelöst werden, auf den Zwischen-Stationen aber nicht weiter, als bis Cöthen, wo dann neue Billete zu lösen sind.

Gedruckt bei F. Weidle, in Berlin.

6 Die Rückseite des Fahrplanblatts vom 13. März 1842 nennt einen Güterzugdienst ohne Personenbeförderung. Diese Züge, gemeinsam mit der Magdeburg-Leipziger Bahn eingerichtet, tauschten Wagen in Cöthen und dienten vorwiegend dem Fernverkehr. Darunter sind die Tarife von Berlin für Personen, Gepäck und den Kutschentransport aufgeführt.

7

7 Der Bahnhof von Cöthen war für die Berlin-Anhaltische Bahn ihr Tor zur Welt: hier konnte man bald umsteigen bis nach Hannover und Celle im Westen, bis Reichenbach und Zwickau im Süden sowie bis Dresden im Südosten. Rechts in diesem Bild aus der „Eisenbahn-Zeitung" von 1843 die Station der Magdeburg-Leipziger Bahn, links der Bau für die B.A.E. in ähnlichem Stil wie ihr Bahnhof in Berlin.

8 Die ältesten Lokomotiven der Berliner Eisenbahnen in einer 1896 erschienenen Skizze. Aus der Fabrik von Stephenson im englischen Newcastle, der 1835 auch den „Adler" für Nürnberg geliefert hatte, kamen 1840/41 insgesamt elf dieser Maschinen mit der Achsformel 1A1 nach Berlin; sie hatten Innenzylinder und Außenrahmen. Dagegen wiesen die 1843 von Borsig gebauten Dampflokomotiven einen Innenrahmen und schräge außenliegende Zylinder auf. Sie ließen damit amerikanische Einflüsse erkennen. Über die Wagen der Anfangszeit ist wenig bekannt, doch sollen selbst zwölf offene Wagen 3. Klasse und ein Hofsalonwagen vorhanden gewesen sein. Bahnpost wurde ab 1841 befördert.

9 Die erste Dampflokomotive aus der jungen Fabrik August Borsigs vor dem Oranienburger Tor in Berlin wurde am 24. Juli 1841 mit dem Namen „Borsig" an die B.A.E. abgeliefert. Die Lok der Achsfolge 2A1 war eine behutsame Weiterentwicklung der Maschinen „Prussia" und „Amerika" von W. Norris aus Philadelphia, die seit 1839 bei der Potsdamer Bahn liefen: hintere Laufachse, längerer Kessel, flacher geneigte Zylinder, englische Steuerung und zweiachsiger Tender sind ihre besonderen Merkmale. Sie hatte rund 18 t Gewicht. Die Bahn verwendete ihr Bild zum Schmuck des Sommerfahrplans 1842, woraus diese Darstellung entnommen ist. Paul Dost schreibt dazu: „Hatten die ersten zehn Stephenson-Maschinen 47000 Thaler das Stück gekostet, lieferte Borsig eine gleichwertige für 12000 Thaler. Den Güterzugdienst leisteten 4 Stück B1-Maschinen, alle mit Koks gefeuert, bis die Anwohner des Anhalter Bahnhofs den Qualm der Kokerei nicht mehr ertragen konnten. Sie entsprachen den damals üblichen Formen und Maßen."

10 Der nächste konstruktive Schritt bei den Borsig-Lokomotiven war der Ersatz des vorderen Drehgestells durch die Einzelachse, und zwar bereits bei seiner zweiten Maschine, der „Berlin" für die B.A.E. von 1842, auf die einige ähnliche folgten. Bei ihrer Weiterentwicklung 1843 rückte Borsig die Laufachse und die Treibachse weiter nach vorn, vergrößerte den Treibraddurchmesser auf 1524 mm und die Heizfläche auf 46,5 m^2; außerdem entwickelte er eine eigene Doppelschiebersteuerung dafür. Die Maschine „Beuth" der B.A.E. mit der Fabriknummer 24 war auf der Berliner Gewerbeausstellung von 1844 zu sehen. Bis 1847 lieferte Borsig 71 Stück dieses Typs, die in ganz Norddeutschland verbreitet waren. Ein 1912 hergestellter Nachbau der Lokomotive „Beuth" steht im Berliner Museum für Verkehr und Technik unweit des historischen Einsatzortes.

8

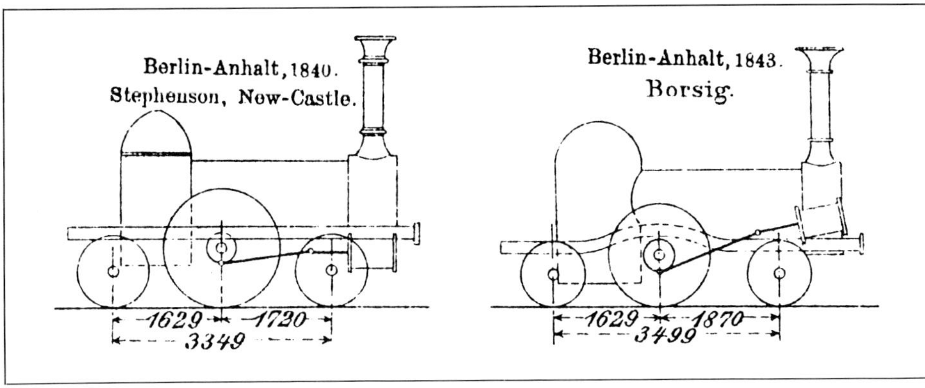
Berlin-Anhalt, 1840.
Stephenson, New-Castle.
1629
1720
3349
Berlin-Anhalt, 1843.
Borsig.
1629
1870
3499

9

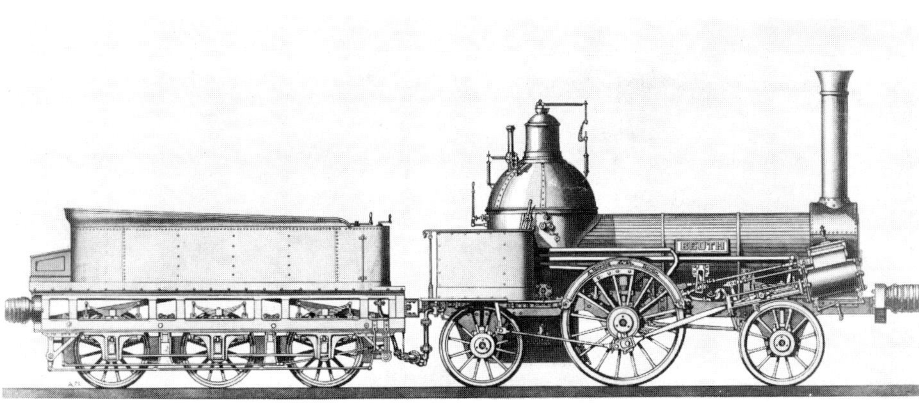
BEUTH

10

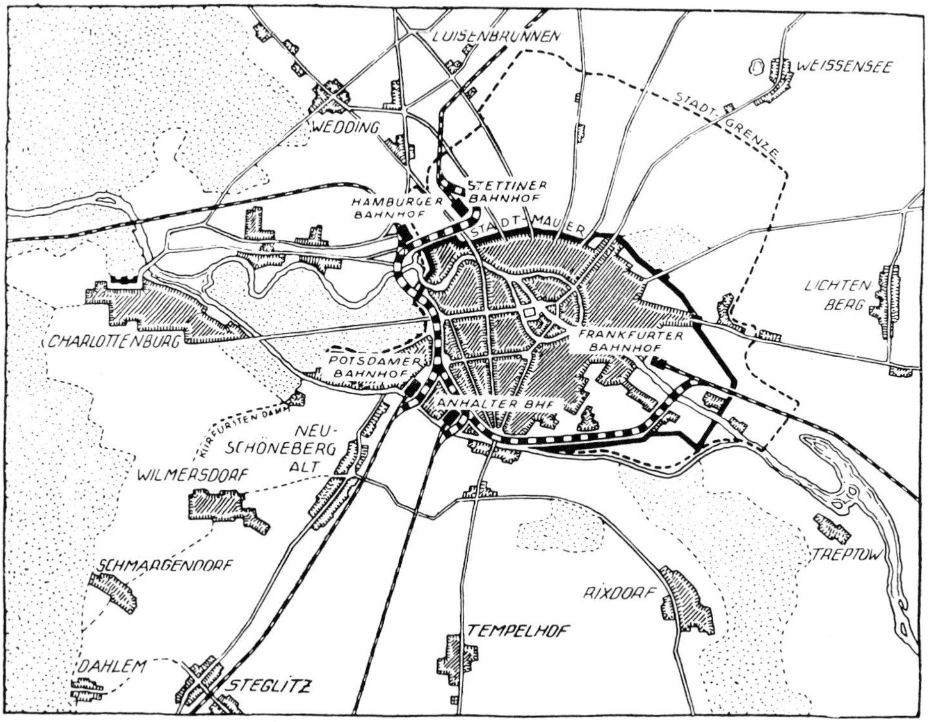
LUISENBRUNNEN
WEISSENSEE
STADT-GRENZE
WEDDING
STETTINER BAHNHOF
HAMBURGER BAHNHOF
STADT-MAUER
LICHTEN BERG
CHARLOTTENBURG
FRANKFURTER BAHNHOF
POTSDAMER BAHNHOF
ANHALTER BHF
KURFÜRSTEN DAMM
NEU-
SCHÖNEBERG
ALT
WILMERSDORF
SCHMARGENDORF
TREPTOW
RIXDORF
TEMPELHOF
DAHLEM
STEGLITZ
11

12

11 Plan von Berlin und Umgebung mit seinen Bahnhöfen, der Stadtmauer und der 1851 eingerichteten Verbindungsbahn. Auf ihren Gleisen sollten Güterzüge und Truppentransporte ohne längeren Aufenthalt über Berlin hinweggebracht werden. Es war die erste staatliche Bahn in Preußen, zugleich ein Vorläufer der Ringbahn.
„Da drohte im Herbst 1850 der Bürgerkrieg mit Österreich. Bei der Mobilmachung des preußischen Heeres begriffen plötzlich wenigstens die preußischen Generäle, daß zwischen den sich totlaufenden Berliner Kopfbahnhöfen das Eisenbahnnetz des ganzen Staates zerriß. Unter dem Eindruck der preußischen Niederlage von Olmütz wurde dann Hals über Kopf der Verbindungsbahn-Bau in Form des billigsten Provisoriums ausgeführt. Zehn Monate später war die ganze Linie vom Stettiner über den Hamburger, Potsdamer, Anhalter zum Frankfurter Bahnhof in Betrieb. Vorher hatte sich die Regierung gegen die Durchbrechung der alten Stadtmauer gesträubt."
(Werner Hegemann, Das steinerne Berlin, 1930)

12 „Empfang des Kaisers von Oesterreich und des Königs von Preußen auf dem Bahnhofe in Berlin am 17. Dec. 1852", so steht es unter diesem kleinen Holzschnitt des alten, damals freilich erst zehn Jahre bestehenden Anhalter Bahnhofes. Gerade war der Vertrag zu Olmütz zwischen den beiden Staaten geschlossen und so der Deutsche Bund wiederhergestellt worden. Nun trafen sich ein melancholischer Friedrich Wilhelm IV. und ein blutjunger Franz Joseph I. in Berlin. Ende 1854 besaß die B.A.E. erst 38 Lokomotiven, und zwar 14 aus England, 23 von Borsig und eine aus Belgien.

13 Die zweite Generation von Dampflokomotiven bei der Anhaltischen Bahn besteht aus 1B-Maschinen für Reisezüge und B1-Loks für den Güterverkehr, ehe letztere durch Dreikuppler abgelöst wurden. Die abgebildete Lokomotive „Roßlau" entstammt einer Serie von zweimal vier Stück, die 1866 und 1867 angefertigt wurden; ihr Hersteller war der Hauslieferant Borsig. Sie wog 33 t, hatte 94 m^2 Heizfläche und 1,32 m^2 Rostfläche, dabei 8 atü Kesseldruck und ein Triebwerk von 406/559/1746 mm. Bei Helmholtz/Staby heißt es dazu: „Diese Type zeigte in mehreren Einzelheiten eine fortgeschrittene Entwicklung".

13

14

14 Ebenfalls acht Stück umfaßte eine Lieferung der B1-Güterzuglokomotiven von Borsig an die B.A.E. im Jahre 1867, die über drei Jahrzehnte im Betrieb standen. Ihr Leergewicht lag bei 28,8 t, der Kesseldruck bei 8 atü. Zylinderdurchmesser 432 mm, Kolbenhub 610 mm, Treibraddurchmesser 1371 mm. Bemerkenswert auch das weit über den Stehkessel gerückte Führerhaus und der achteckige Domfuß. Im gleichen Jahr 1867 wurde die Zollmauer aufgegeben. In den frühen Jahren der Eisenbahn waren polizeiliche Kontrollen der „Fremden" bei Ankunft und Abfahrt üblich.

15 Blönsdorf ist eine kleine Stadt im preußischen Bezirk Halle, eine Station der B.A.E. zwischen Jüterbogk und Wittenberg. Anno 1873 mußte der Ort zum Namenspatron der Schnellzuglokomotive 131 dieser Gesellschaft herhalten. Sie hatte die Fabriknummer 3066.

15

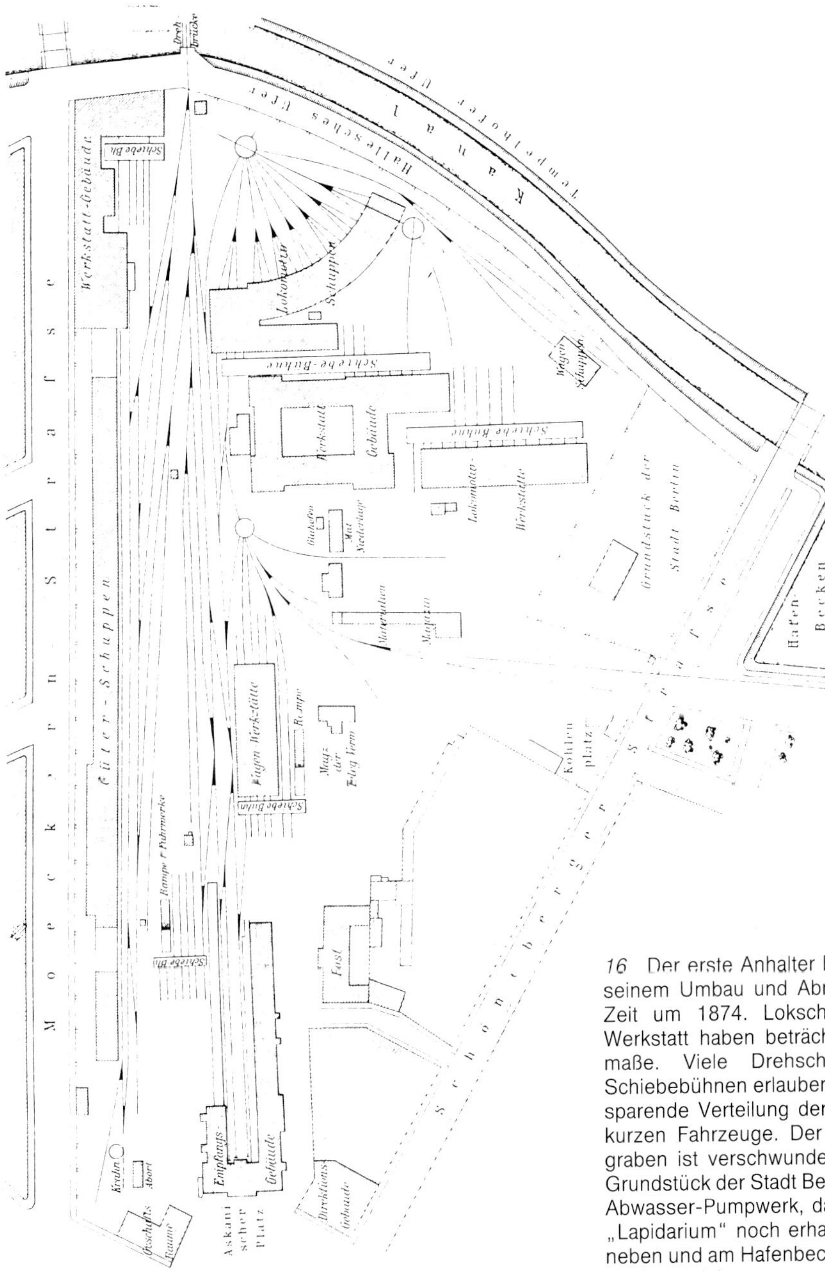

16 Der erste Anhalter Bahnhof vor seinem Umbau und Abriß, also zur Zeit um 1874. Lokschuppen und Werkstatt haben beträchtliche Ausmaße. Viele Drehscheiben und Schiebebühnen erlauben eine raumsparende Verteilung der noch recht kurzen Fahrzeuge. Der alte Schafgraben ist verschwunden. Auf dem Grundstück der Stadt Berlin steht ein Abwasser-Pumpwerk, das heute als „Lapidarium" noch erhalten ist. Daneben und am Hafenbecken ein Verbindungsgleis zum Postdamer Bahnhof.

2. Kapitel

Neubau mit Glanz und Gloria

Die größte Bahnstation der Reichshauptstadt: der Anhalter Bahnhof von 1880. Großer Bahnhof für den Kaiser. Vom Anhalter Bahnhof nach Dresden, München und Florenz. Drei Lokschuppen und ein Güterbahnhof. Welche Dampfloks waren im Einsatz?

In den neuen Anhalter Bahnhof Schwechtens fuhren noch eine ganze Weile nach der Verstaatlichung 1882 die alten Maschinen der Gesellschaft B.A.E. ein, dazu einzelne Typen weiterer vom Staat übernommener Bahnen aus dem Süden Berlins. Der Lokomotivkonstrukteur Erich Metzeltin (1871–1948), langjähriger Direktor der „Hanomag", hat in seinen Lebenserinnerungen über diese Epoche der Bahn sehr anschaulich berichtet: „Mein Vater fuhr morgens 7 Uhr 45 mit dem Münchener Schnellzug von Lichterfelde nach Berlin und kehrte nachmittags mit dem Wiener Schnellzug 3 Uhr 30 heim. Letzterer, der ziemlich leicht war, wurde meist von den grünlackierten Borsigschen 1-A-1-Lokomotiven gefahren; ihr Dom, der Dampfsammler auf dem Kessel, wurde damals noch aus helleuchtendem Messingblech hergestellt. Sie wurden allgemein ‚Spinnräder' oder ‚Spinat mit Ei' genannt. Die Lokomotiven trugen sämtlich Namen, und zwar zum Teil Namen von Personen, die mit der Verwaltung zusammenhingen. Nur einen Namen konnte ich mir lange nicht erklären, Nr. 68 hieß ‚Der Major'. Es war, wie ich viel später erfuhr, Major von Cronstein, Vorsitzender der Direktion der Berlin-Anhaltischen Eisenbahngesellschaft.

Während der Berliner Schulzeit kam aber die Lokomotive nicht zu kurz. Im Sommer wohnten wir ja bis 1888 noch in Lichterfelde, und ich fuhr morgens 7 Uhr 15 nach Berlin und kehrte 1 Uhr 30 zurück. Um 12 Uhr 30 war aber der Schnellzug aus Thüringen fällig. Manches Mal gab es Verspätung, und bisweilen hatte er dann eine 1-A-1 der Anhaltischen oder auch eine 1-A-1 der Halle-Sorau-Gubener Eisenbahn unterwegs als Vorspann nehmen müssen, oder es brachte ihn eine 1-B der Thüringischen Bahn!

Außerdem hatte ich herausbekommen, daß morgens um 10 Uhr fast täglich eine ausgebesserte Lokomotive der Werkstatt Tempelhof ihre Probefahrt nach Lichterfelde machte. So bekam man gelegentlich nicht nur die alten 1B- und B1-Güterzuglokomotiven zu sehen, die überall im Netz verteilt Verschiebedienst leisteten, sondern auch die neueren C-Güterzuglokomotiven, auch solche der Thüringischen Eisenbahn, öfters auch Lokomotiven der Uckrow-Dahmer Eisenbahn."

Bis 1890 nahm aber die Zahl der „Normallokomotiven" nach den Musterzeichnungen der Staatseisenbahnen auch am Anhalter Bahnhof immer mehr zu; die Gattungen S 1, S 2 und S 3 waren neben P 2, P 3 und P 4 bis zur Jahrhundertwende zur beherrschenden Gruppe geworden. Vor Güterzügen waren die recht kleinen Dreikuppler G 3, G 4 und G 5 noch lange ausreichend, und an Züge des Vorortverkehrs, die seit 1891 zu billigeren Tarifen gefahren wurden, waren die Gattungen T 2, T 4, T 5 und T 7 zu sehen. Im Rangierdienst kam die T 3 vor, später auch die Gattung T 9^3, die man hilfsweise selbst vor Ausflugszügen sah.

Ein Jahrzehnt später hatten sich die großen Heißdampflokomotiven im Fernverkehr durchgesetzt. Werner Hubert und Kurt Pierson haben damals als Pennäler für uns am Anhalter Bahnhof beobachtet: „Zu jener Zeit fuhren im Laufe von 24 Stunden 102 Reisezüge ein und aus, darunter 4 Garnituren Luxuszüge des ‚Riviera-Expreß' mit ihren dunkelblau glänzenden Wagen der Internationalen Schlafwagen-Gesellschaft mit Sitz in Brüssel. Im einzelnen verkehrten zu jener Zeit 86 Züge auf der Strecke Berlin – Halle und 16 Züge auf der Strecke Berlin – Dresden. Auch im Vorortverkehr gab es auf dem Anhalter Bahnhof einen Plan Berlin – Großbeeren, wie eine Aufnahme aus dem Jahre 1912 erkennen läßt. Die Fernzüge selbst wurden um 1912 von preußischen Schnellzuglokomotiven der Gattung S 4, S 6, S 10 und S 10^1 (und P 8), die Personenzüge mit Maschinen der Gattungen S 2, S 3 und P 4 befördert. Bis 1911 verkehrten im Vorortverkehr nach Großbeeren normalerweise Tenderlokomotiven der Gattung T 4, vereinzelt aber auch Personenzuglokomotiven der Bauart P 3. Alle hier aufgeführten Maschinen gehörten zum Direktionsbezirk Halle. Einen besonderen Anziehungspunkt bildeten die Schnellzuglokomotiven X H 1 und XII H der Sächsischen Staatsbahnen."

Über die Belegung der beiden Fernstrecken des Anhalter Bahnhofs im Sommer 1910 hat Kurt Pierson eine Aufstellung erarbeitet. Danach fuhren innerhalb von 24 Stunden auf der Route nach Halle 30 Güterzüge, 4 Luxuszüge, 34 Schnellzüge und 48 Personenzüge. Auf der Linie nach Dresden waren es 24 Güterzüge, 4 Schnellzüge, 12 Personenzüge und 76 Vorortzüge. Darin ist also jedes Zugpaar mit zwei Zügen gerechnet. Von den beiden D-Zug-Paaren nach Dresden fuhren preußische und sächsische Maschinen jeweils eines bis in die andere Hauptstadt durch, während im übrigen der „Grenzbahnhof" Elsterwerda auch zum Umspannen der Züge benutzt wurde. Zugbildungsstation für die Güterwagen des Anhalter Güterbahnhofs war der Rangierbahnhof Tempelhof, wo sie mit Waggons von anderen Ladeplätzen im Berliner Süden vereinigt wurden.

17

17 Franz Schwechten (geb. 12. 8. 1841 in Köln, gest. 11. 8. 1924 in Berlin) ist der Architekt des zweiten, des „großen" Anhalter Bahnhofs von 1880. Für die Berlin-Anhaltische Bahn arbeitete er zwischen 1871 und 1882 als Chef des Hochbaubüros; auch die damals neu gebauten Empfangsgebäude in Wittenberg und Dessau tragen seine Handschrift. Später hat er in Berlin die Kaiser-Wilhelm-Gedächtniskirche, das Tor der AEG-Fabrik in der Brunnenstraße und das „Haus Vaterland" am Potsdamer Platz gebaut, außerdem die Hohenzollernbrücke in Köln. Fast allen Bauten ist ein „romanischer" Rundbogenstil eigen, wie ihn auch sein Anhalter Bahnhof zeigt. Lithographie von 1895.

18 Zu den ersten Werken Franz Schwechtens bei der Anhaltischen Bahn zählt der Entwurf eines Verwaltungsgebäudes für den neuen Güterbahnhof mit anschließender Ladestraße südlich des Landwehrkanals, entstanden 1874. Dieser Bau wurde an der Ecke von Tempelhofer Ufer und Möckernstraße in Kreuzberg errichtet. Durch die Bögen rollten Fuhrwerke zu den Schuppen, die jeweils außen Gleise für ankommende (links) und abgehende (rechts) Stückgutwagen besaßen. Der östliche Teil des Kopfbaus ist noch vorhanden und wird Teil des Verkehrsmuseums; an einen späteren Wiederaufbau der Gesamtanlage ist gedacht.

19 Über ein halbes Dutzend von Vorentwürfen und Projekten zum neuen Anhalter Bahnhof in Berlin hat Schwechten zwischen dem Sommer 1871 und dem Herbst 1874 gezeichnet, worauf noch mehrere Überarbeitungen im Detail folgten. Allen Vorschlägen gemeinsam ist ihre Position an gleicher Stelle des Askanischen Platzes wie die Station zuvor. Die einzelnen Schritte beschreibt eingehend Helmut Maier in seiner Baugeschichte des Bahnhofs. In diesem aquarellierten Entwurf vom 1. Februar 1872 beherrschen zwei Eck-Pavillons und eine bis in die Fassade durchgeführte Halle aus Stahl und Glas das Bild; bisher hatte man diesen Ingenieurbau der Bahn gern architektonisch verbrämt und versteckt. Übrigens läßt die Höhe der Halle in der Skizze bereits ahnen, daß die Gleise etwa 4 Meter hoch über der Straße liegen sollten, um eine Trennung der Bahn vom Straßenverkehr zu ermöglichen.

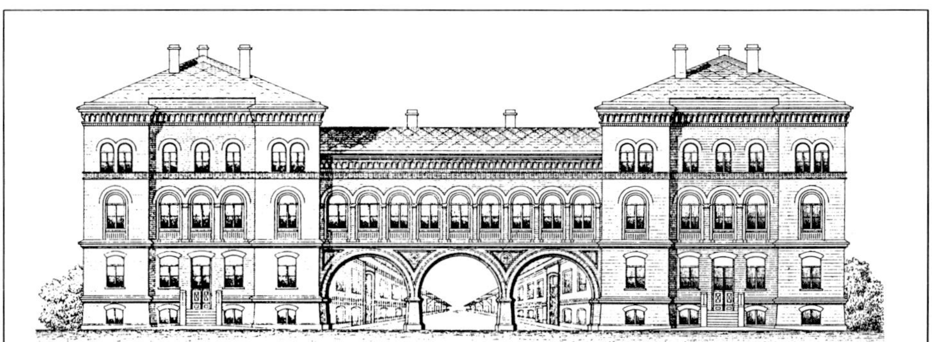

18

19

Zu Seite 28:

20 Heute fast vergessen ist die Berlin-Dresdener Eisenbahn. Ihr Gelände lag zwischen dem Anhalter und dem Potsdamer Bahnhof an der Stelle, die jetzt der Postbahnhof und das Postamt 77 in der Luckenwalder Straße bedecken, also südlich des Landwehrkanals. Ihre ab 1871 geplante Route nach Dresden über Zossen, Uckro, Dobrilugk und Elsterwerda war 15,6 km kürzer als die Strecke der Anhaltischen Bahn über Roderau. In der Gründerzeit-Krise von 1873 wurde der neuen Gesellschaft das Geld knapp. Zur Betriebseröfnung am 17. Juni 1875 war nur ein provisorisches Empfangsgebäude fertig. Um einem Bankrott zu entgehen, überließ sie ab August 1877 dem Staat die Betriebsführung. Fünf Jahre später verkaufte die B.A.E. an den Staat, und die Verwaltung legte die Züge der Dresdener Bahn zum 15. Oktober 1882 in den neuen Anhalter Bahnhof von Berlin um. Damit wurde der moderne Bau von Schwechten endgültig „Berlins Tor zum Süden“.

Die Situation beleuchtet dieser Blick auf die südliche Berliner Eisenbahnlandschaft in einem etwa 1878 gedruckten Stadtplan von Wagner & Debes aus Leipzig. Auf der westlichen Seite der Potsdamer Bahnhof mit seinem Güterbahnhof und dem kreisrunden Loschuppen. An der Luckenwalder Straße der projektierte Dresdener Bahnhof, der nicht mehr zur Ausführung kam; stattdessen bestand ein Provisorium an der verlängerten Schöneberger Straße. An der Blücherstraße (später auch hier: Yorckstraße) sind zwei Güterschuppen der Dresdener Bahn und ihr Halbrundschuppen für Personenzugmaschinen zu sehen, der spätere „Schuppen 3“ des Anhalter-Betriebswerks. Dieser Schuppen war recht eigenwillig konstruiert: neben dem „polygonalen“ Grundriß fielen besonders seine zwölf Schiebetore auf, die Baumeister Lindemann von der B.D.E. entworfen hatte. Die Anhaltische Bahn ist mit dem provisorischen Fernbahnhof an der Trebbiner Straße (eröffnet am 9. November 1874, geschlossen am 14. Juni 1880), mit dem Lokschuppen 1 direkt daneben und mit dem neuen Güterbahnhof vertreten. Am Askanischen Platz ging gleichzeitig der Neubau Schwechters seiner Vollendung entgegen.

20

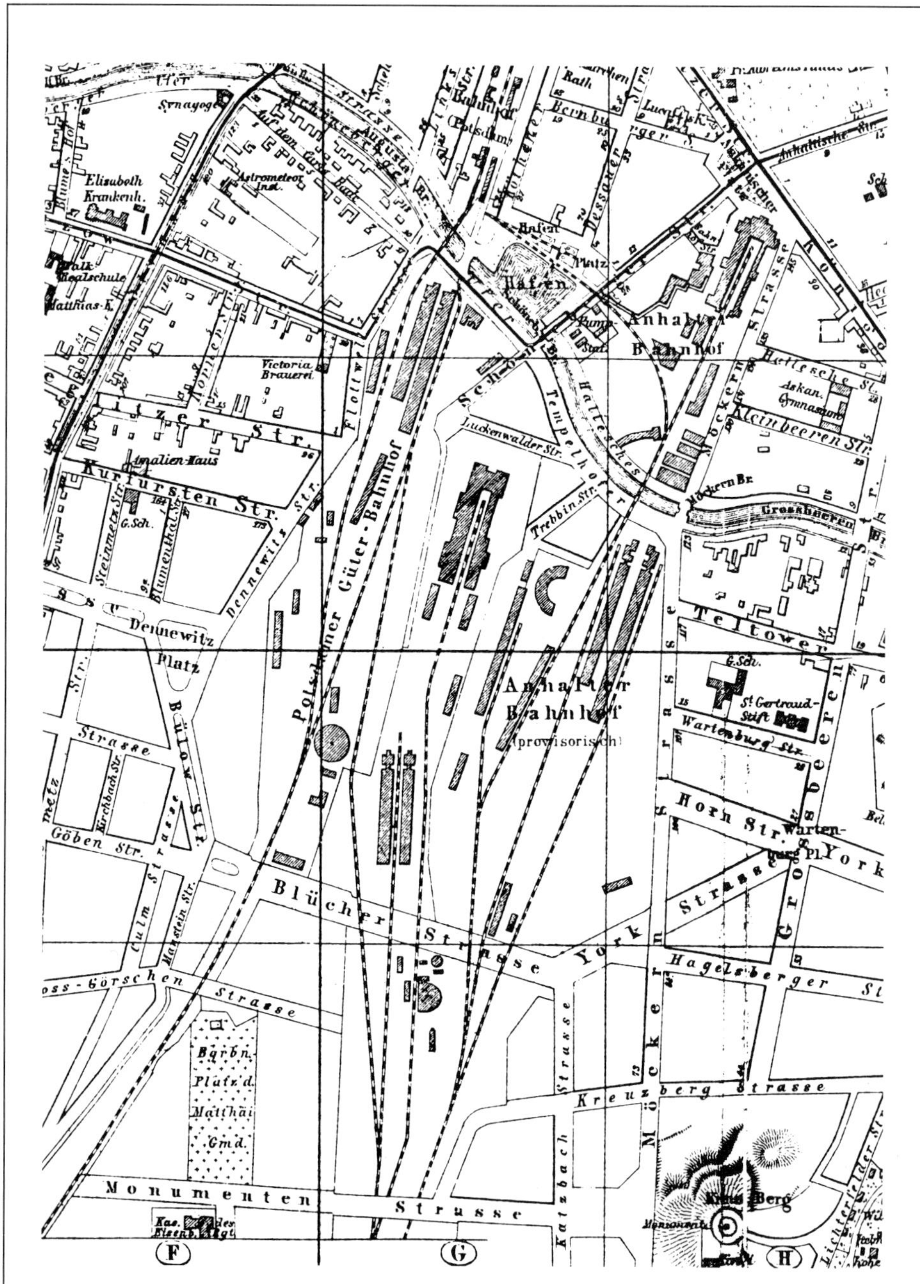
Synagoge
Elisabeth Krankenh.
Astrometeor. Inst.
Realschule
Matthias-K.
Victoria Brauerei
Amalien-Haus
Kurfürsten Str.
G. Sch.
Steinmetz Str.
Blumenthal Str.
Dennewitz Str.
Dennewitz Platz
Bülow Str.
Strasse
Göben Str.
Kirchbach Str.
Culm Str.
Manstein Str.
Gross-Görschen Strasse
Begräbn. Platz d. Matthäi Gmd.
Monumenten Strasse
Potsdamer Güter-Bahnhof
Flottwell Str.
Luckenwalder Str.
Trebbin Str.
Tempelhofer
Hallesches
Schöneberger
Hafen
Hafen Platz
Anhalter Bahnhof
Anhalter Bahnhof (provisorisch)
Bernburger
Dessauer
Köthener
Anhaltische Str.
Askan. Gymnasium
Kleinbeeren Str.
Möckern Br.
Grossbeeren
Möckern Strasse
Teltower
G. Sch.
St. Gertraud-Stift
Wartenburg Str.
Horn Str.
Wartenburg Pl.
York Strasse
Blücher Strasse
Hagelsberger Str.
Grossbeeren
Katzbach Strasse
Kreuzberg Strasse
Kreuz Berg
Monument
F
G
H

21

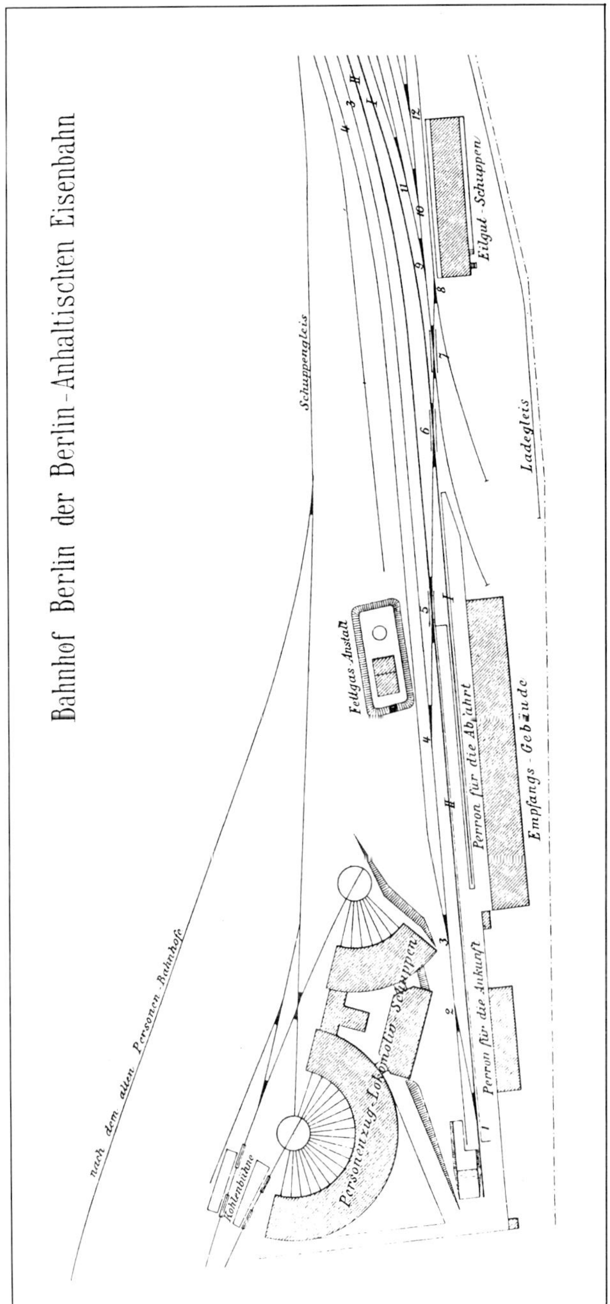

21 Lageplan des provisorischen Anhalter Bahnhofs an der verlängerten Trebbiner Straße, wie er von 1874 bis 1880 dem Personenverkehr diente. Das Gelände grenzte an das Terrain der Berlin-Dresdener Bahn; Norden ist links im Bild. Für Ankunft und Abfahrt ist jeweils ein Bahnsteig vorgesehen, dazu eine Laderampe sowie Gleise für Post und Eilgut. Zu den ganz neuen Lokschuppen ist eine Böschung eingetragen, denn sie wurden auf angeschüttetem Boden gebaut, damit die Gleise über die Straßen am Kanalufer geführt werden konnten. Zufahrt zum provisorischen Bahnhof über die verlängerte Trebbiner Straße.

22 Dieser „Situationsplan vom Potsdamer-Anhalter- und Dresdener Bahnhof" ist in dem Standardwerk über „Berlin und seine Bauten" von 1877 enthalten. Er nimmt bereits die Zukunft für verwirklicht und zeigt außer dem 1880 eröffneten zweiten Anhalter Bahnhof den „Dresdener Bahnhof", der über provisorische Fachwerkbauten an der Luckenwalder Straße nie hinausgekommen ist. Mit der absehbaren Verstaatlichung dieser Bahn nach 1880 blieb auch der Bauplan zu ihrem Lokschuppen für Güterzüge an der Yorckstraße liegen. Bemerkenswert sind weiterhin die einstmals gedachten zahlreichen Wagendrehscheiben im Anhalter Güterbahnhof, der einfache Anschluß des alten Lokschuppens der B.A.E. am Halleschen Ufer und der neue doppelte Ringlokschuppen („Schuppen 2") mit zwei Drehscheiben für Güterzugloks an der Kolonnenstraße. Auch der „Schuppen 1" an der Trebbiner Straße ist bereits in voller Größe eingetragen, obwohl sein Ausbau noch lange dauern sollte.

22

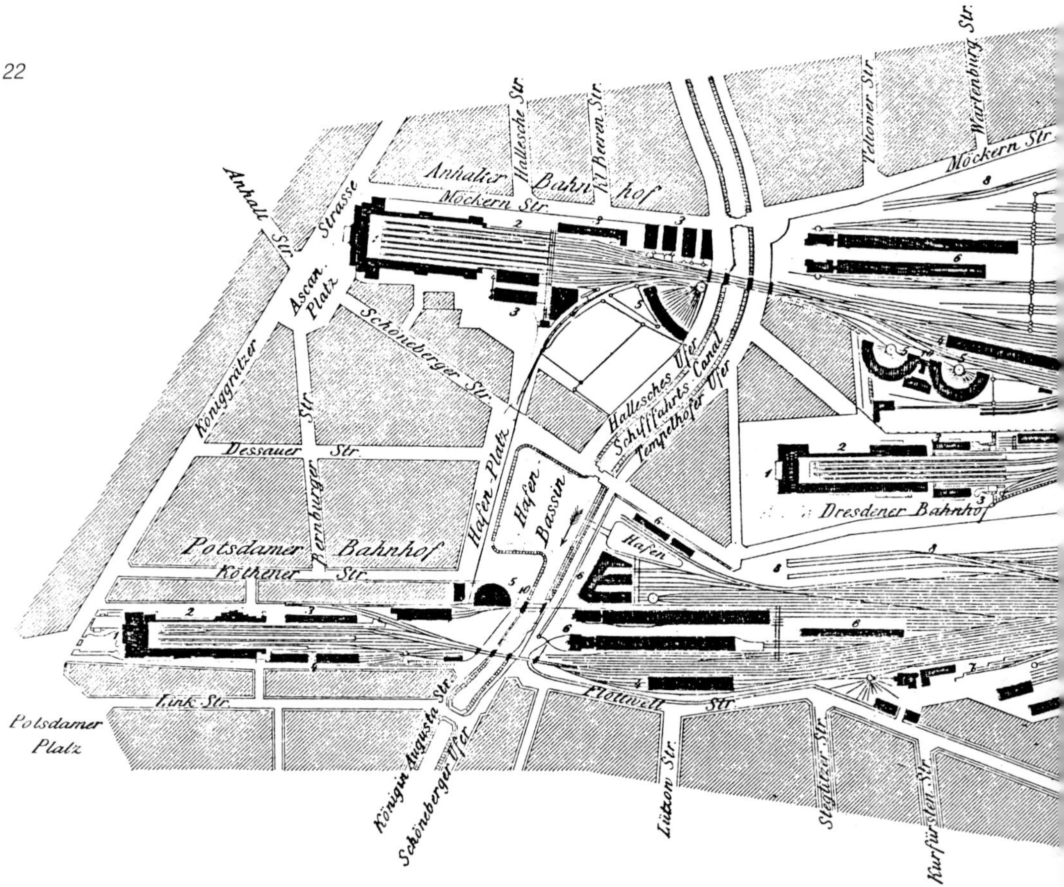

1. Empfangsgebäude.
2. Droschkenhalteplatz.
3. Eilgutschuppen
4. Wagenschuppen.
5. Locomotivschuppen (f. Personenzüge)
6. Güterschuppen.
7. Laderampen.
8. Ladeplätze
9. Locomotivschuppen (f. Güterzüge)
10. Wasserstation.

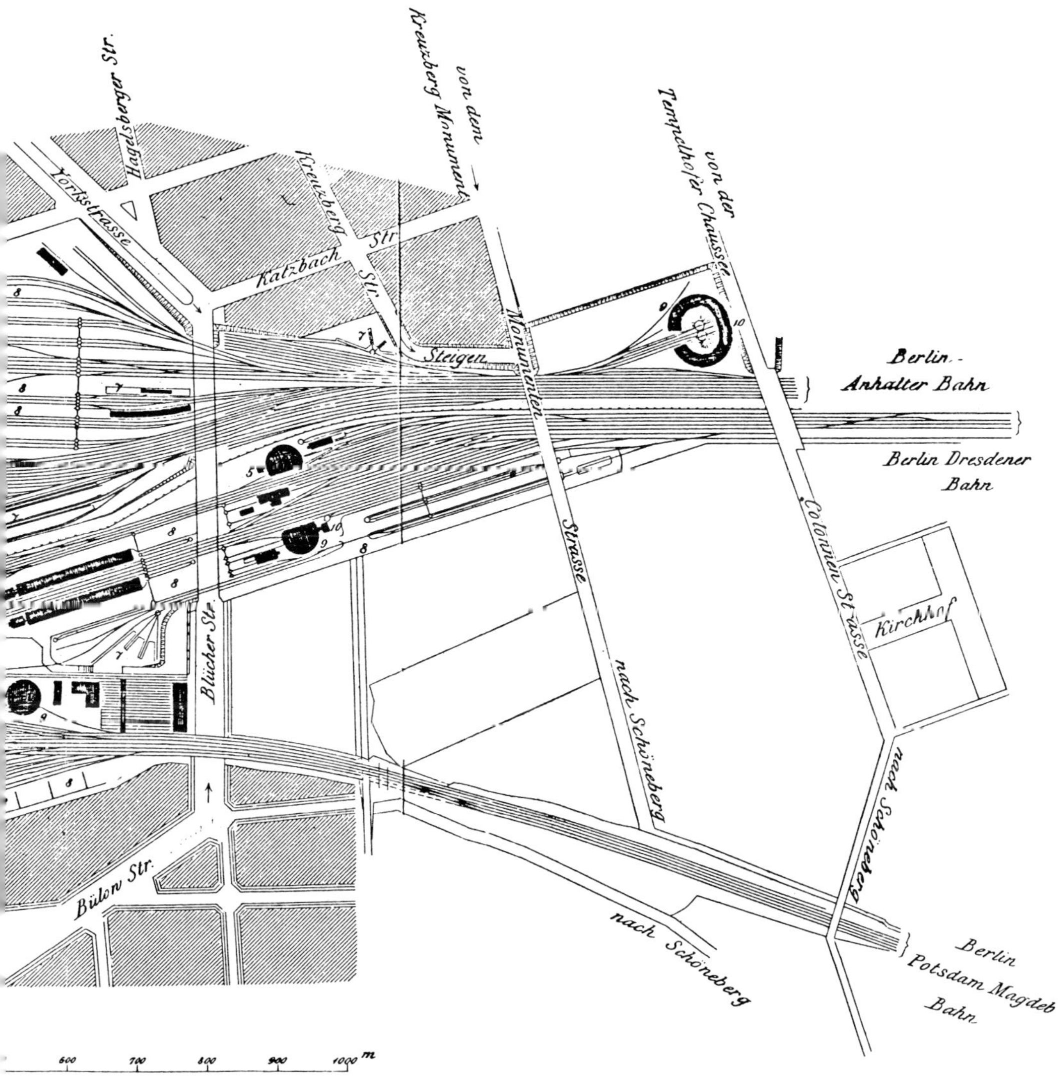

23

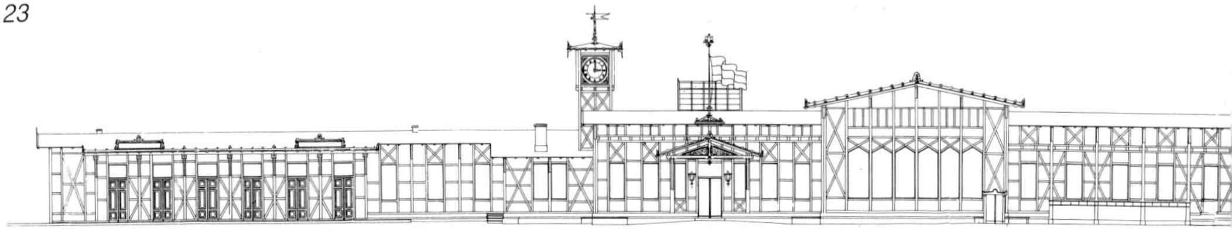

23 Architekt des provisorischen Fachwerk-Bahnhofs der B.A.E. war der Baumeister Alexander Sillich, der Chef ihrer Bau-Abteilung II in Berlin. Durch den niedrigen Aufzug ergab sich ein recht langgestreckter Bau, immerhin aber mit Uhrenturm und – an der Flagge – einem kleinen Salon für Hohe und Höchste Herrschaften. Links von diesem waren Gepäckausgabe, Postpackkammer und Kutscherwirtschaft gelegen, rechts davon Wartesäle, Büffet und Toiletten. Zwischen den beiden Seitengiebeln folgte sodann der Haupteingang zu Fahrkartenausgabe und Gepäckannahme, weiter rechts Diensträume, Vorsteher, Telegraph und endlich die Post. Gesamtlänge 220 Meter. Nach 1880 wurde das „Provisorium" jahrzehntelang als Lagerschuppen und „Speicher" genutzt, aber um 1912 wurde es abgerissen, weil dort weitere Abstellgleise eingerichtet werden sollten.

24 Schnitt durch das „Provisorische Empfangs-Gebäude Berlin" der Berlin-Anhaltischen Eisenbahn in Höhe des Hof-Salons mit überdachtem Entrée (links) und den beiden Gleisen auf seiner Westseite. Die Deckenhöhe betrug immerhin 5 Meter.

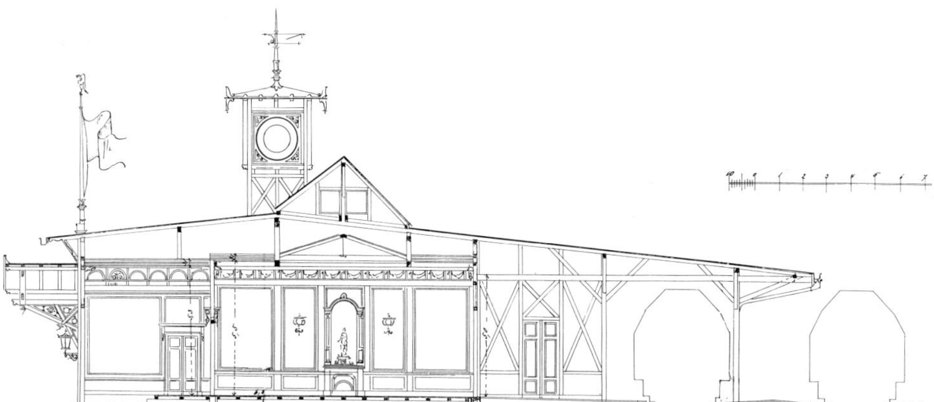

24

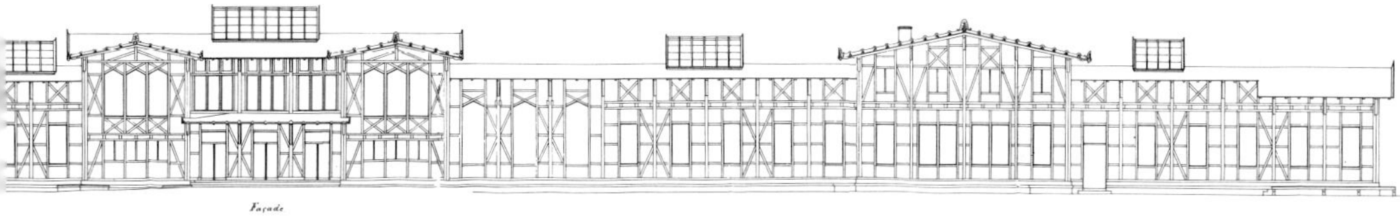

25 Das neue Empfangsgebäude der Anhalter Bahn am Askanischen Platz in Berlin wurde am 15. Juni 1880 nach rund sechsjähriger Bauzeit dem Betrieb übergeben. Den ersten Zug nach Lichterfelde um 5.40 Uhr morgens zog die Lokomotive Nr. 89 „Großbeeren", die Borsig 1867 geliefert hatte. Viele Millionen Ziegelsteine wurden in dem Empfangsgebäude vermauert. Der Grundton war gelbocker, durch braunrötliche Ziegel und durch Terrakotten (Ziegelformsteine) aus den Greppiner Werken bei Merseburg sowie durch hellen Sandstein aus Velpke in Braunschweig schmückend unterbrochen. Die Hallenstirnwand ist von einer Figurengruppe „Der Weltverkehr" bekrönt, nämlich einem Engel und zwei Jünglingen, welche eine Fackel und eine Lokomotive halten.

„War das heute früh um 5 1/2 Uhr auf dem neuen Bahnhofe ein Gewühl von Männlein, Fräulein und Kindern. Sie Alle wollten mit dem ersten Zug nach Lichterfelde fahren. Schutzleute zu Fuß und zu Pferde hielten den Bahnhof besetzt, als ob mindestens der Kaiser mitfahren würde, und zahlreiche Zuschauer hatten sich um den Bahnhof postirt, um die Passagiere des ersten Zuges wie Meerwunder zu mustern ... Draußen am Kanal-Übergange war die Uferstraße auf beiden Seiten von Menschen besetzt ... Auch draußen auf dem Felde standen noch lange Reihen von Menschen ... Und das einzige Bemerkenswerte am Zuge war die neu auflackirte Locomotive ‚Großbeeren', die man mit Eichengirlanden und Fahnen geschmückt hatte, während ihren eisernen Busen kokett ein Kornblumenstrauß zierte." (Berliner Tageblatt vom 15. Juni 1880)

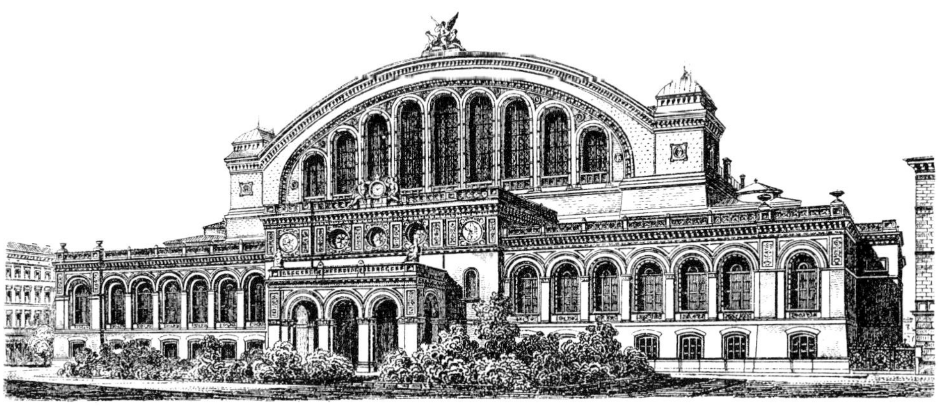

25

26

26 Winzig erscheinen Lokomotiven und Wagen in der riesigen Halle des Anhalter Bahnhofes, wie sie die „Leipziger Illustrirte" vom 30. Oktober 1880 in einem Holzschnitt von Theuerkauf zeigt. An der Hallenkonstruktion hat der Ingenieur und Dichter Heinrich Seidel maßgebend mitgewirkt, außerdem an den großen eisernen Fenstern und den verschiedenen hydraulischen Aufzügen.

„Das neue Empfangsgebäude der Berlin-Anhaltischen Eisenbahn in Berlin hat eine in Eisen construirte Halle von 60,72 m Lichtweite und 167,79 m Länge, 19,2 m Höhe bis zum Auflager der Dachbinder und 34,25 m Höhe bis zum First des Daches. Die Wirkung dieser Halle wird als ausserordentlich günstig geschildert, besonders da die Eisentheile, Binder, Pfetten und Wellblech in passenden Farbentönen gehalten sind. Der beim Eintritte in das Vestibül gebotene Durchblick in die Halle und deren Dachwerk und die Wirkung der Corridor-Halle werden als eigenartig schön bezeichnet."
(Zeitschrift des Vereines Deutscher Ingenieure, 1881)

27 Blick in das Eingangs-Vestibül mit den Treppen zum Bahnsteig, der mehr als 4 Meter über dem Straßenniveau lag. Im Gegensatz zu einigen neuen Bahnhöfen der Stadtbahn (Friedrichstraße, Alexanderplatz) sah Schwechten keine Nutzräume unter den Gleisen vor, sondern ließ riesige Mengen Erdreichs aus Tempelhof aufschütten, um die staatlich verlangte Anhebung der Eisenbahn über die Umgebung zu erreichen. Der Holzschnitt von Theuerkauf ist der „Leipziger Illustrirten" vom 26. Februar 1881 entnommen. Man erkennt die üppige Gasbeleutung, zwei Fahrplansäulen und (rechts) den Eingang zur Gepäckannahme. Gesamtbaukosten rund 18 Millionen Goldmark, Grunderwerb und Güterbahnhof eingeschlossen.

27

28

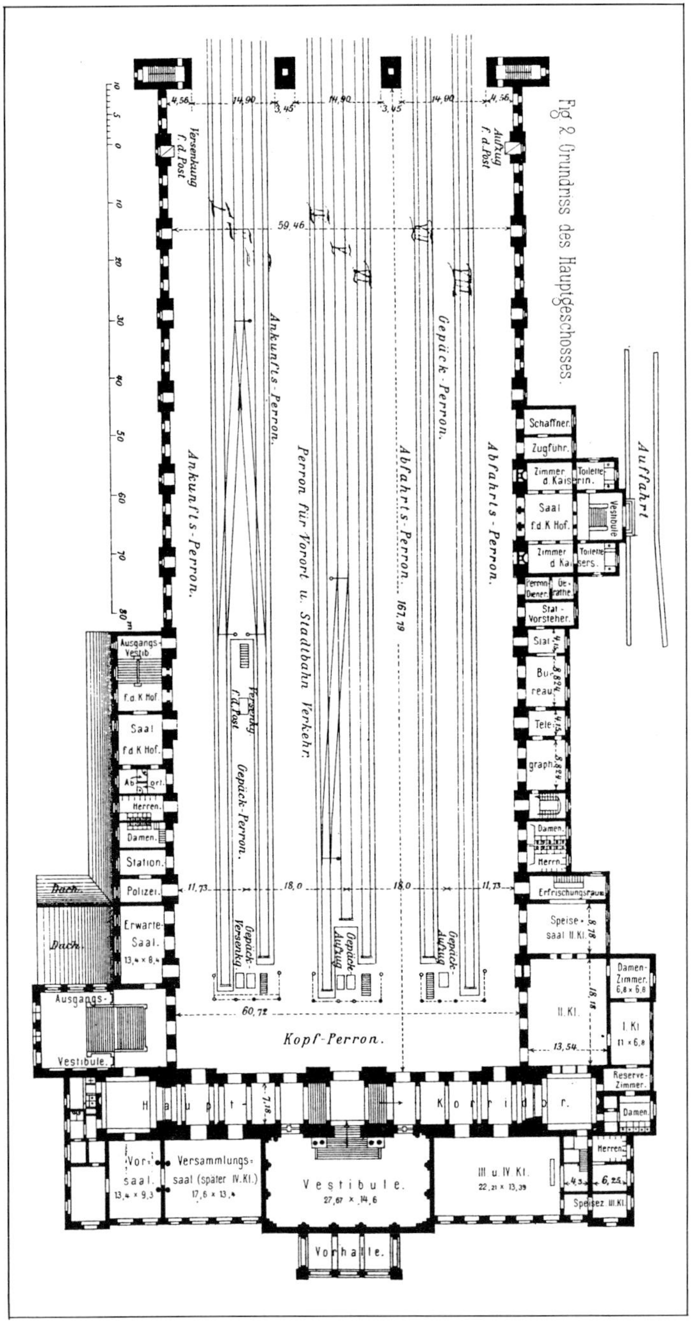

28 Der Grundriß des Anhalter Bahnhofes um 1884. In klassischer Weise dient der östliche Teil (links) den ankommenden, der westliche Teil (rechts) den abfahrenden Reisenden und Zügen. Auf beiden Seiten sind Salons für den Kaiser und andere Hohe Herrschaften untergebracht. Eine große Neuerung waren die zahlreichen Aufzüge für Post und Gepäck.

29 Lage- und Gleisplan des neuen Anhalter Bahnhofs zu Berlin nach seiner Eröffnung 1880. Man erkennt die Aufschüttung des Geländes und die dadurch notwendig gewordene Waggon-Hebeanlage zu den noch benutzten älteren Schuppen. Bemerkenswert die Rücklaufgleise für angekommene Maschinen in der Halle, die davorliegende Schiebebühne und die noch vorhandenen kurzen Drehscheiben. Skizze aus der Zeitschrift des Architektenvereins Hannover von 1884.

Fig. 2. Neuer Personen-Bahnhof.

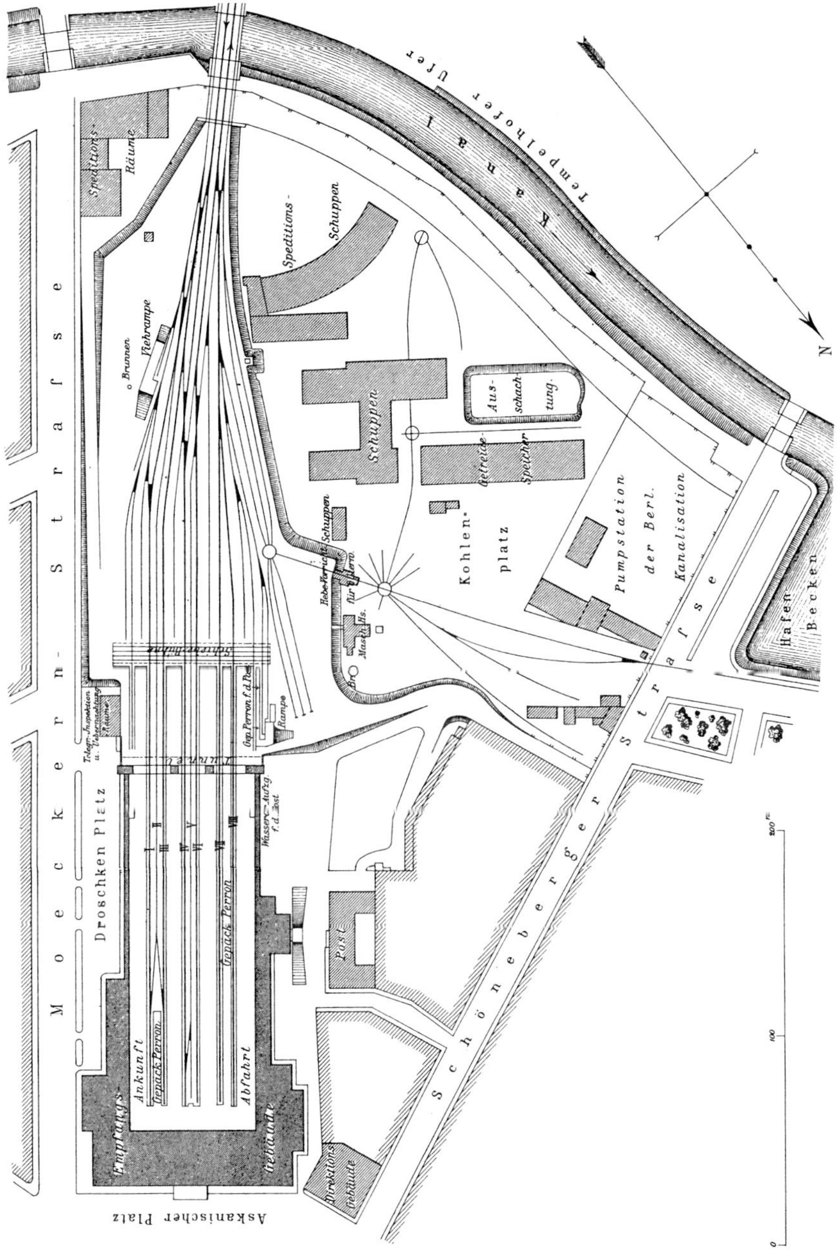

30

31

32

30 Wunderschöne Aufnahmen des Anhalter Bahnhofes aus der Zeit der Betriebseröffnung verdanken wir dem Fotografen Herrmann Rückwardt. Diese Ansicht der südlichen Hallenfront mit ihren drei Bögen zeigt die anfangs vorhandenen Gleise, die auch durch eine selten benutzte Schiebebühne verbunden waren. Vor der Halle enden weitere Stumpfgleise, auf denen Güterwagen der B.A.E. stehen. Bei der Lokomotive könnte es sich um eine 1B-Personenzugmaschine des „Roßlau-Typs" handeln.

31 Eine weitere Rückwardt-Fotografie des Bahnhofs im Zustand von 1880 zeigt die 1A1-Schnellzuglokomotive Nr. 74 „Thüringia" von 1861 auf dem Gleis 6 am Querbahnsteig. Das große Fenster rechts sollte Licht auf die Treppe vom Vestibül lenken, während die Türen über einen Korridor zu den Wartesälen und zur genannten Treppe führten. In der Wandnische wurde bald darauf ein Zier-Kandelaber aufgestellt; zur Beleuchtung dienten neben den Gaslaternen noch 24 riesige elektrische Lampen von Siemens, die an Seilen unter der Hallendecke hingen.

32 Der Bahnhofsvorsteher mit seinem Hund; ein Ausschnitt aus dem Rückwardt-Bild der Bahnhofs-Südseite. Deutlich ist der Schmuck des Bauwerks durch Terrakotten zu sehen. Vor dem Pfeiler ein Oberlicht für den unterirdischen Durchgang von einer Seite des Bahnhofes zur anderen.

33 Blick von der Loggia über den Querbahnsteig nach dem südlichen Ende der Halle, aufgenommen abermals von Rückwardt 1880. Die Berlin-Anhaltische Bahn war damals eine florierende Gesellschaft mit deutlicher Vormachtstellung auf den Strecken nach Halle, Leipzig und Dresden. Als 1874 mit dem Bau dieses Bahnhofes begonnen worden war, hatte sie schon 131 Lokomotiven und 3252 Waggons besessen. Charakteristisch für die damaligen Abteilwagen waren die hohen, kantigen Bremserhäuser.
„Am nächsten Morgen früh ging Onkel Fritz unter die Linden nach dem Schlafwagen-Comptoir und kaufte dort drei Rundreisebillets und die Tikets für den Schlafwagen bis München. Mein duldendes Lamm von Mann sollte es bequem haben und auch ich liege des Nachts lieber, als daß ich in einer Waggonecke hocke. Was Onkel Fritz betrifft, so ist dem das Beste eben gut genug; ja er bildet sich sogar ein, die Schlafwagen seien extra seinetwegen erfunden worden. –
Am Nachmittag stiegen wir auf dem Anhalter Bahnhof in den Schlafwagen und um halb Drei dampften wir mit dem sogenannten Römerzuge ab. Mit demselben Zuge fuhren auch in früheren Zeiten die deutschen Kaiser nach Italien, so daß, genau genommen, das Historische der Reise schon beim Askanischen Platz anfängt, bis man, unten in Italien angelangt, nur so in der alten Geschichte herumwatet."
(Julius Stinde, Buchholzens in Italien, 1883)

34 Fahrkartenmuster für die Strecken der vormaligen Anhaltischen Eisenbahn für die 1. bis 3. Wagenklasse, doch führte man auch die 4. Klasse in den Zügen. 1882 gelang es dem preußischen Staat durch ein günstiges Angebot, den Aktionären der B.A.E. die Bahn abzukaufen und am 1. Juli 1882 den Betrieb zu übernehmen. Zur Verwaltung wurde die Königliche Direktion der Berlin-Anhaltischen Eisenbahn gegründet, die bereits zum 1. April 1883 in der Eisenbahndirektion Erfurt aufging. Ihr Betriebsamt für die Strecke nach Halle saß aber weiterhin in der alten Verwaltung der B.A.E. am Askanischen Platz 5. Die Fahrkarten (Sammlung des früheren Verkehrs- und Baumuseums Berlin) stammen aus dieser Zeit.

33

34

35

35 Zwei Siegelmarken für Briefe und Geldumschläge aus der Übergangszeit zwischen 1880 und 1882: rechts von der „Direktion der Berlin-Anhaltischen Eisenbahn-Gesellschaft", links von der „Kgl. Direktion der Berlin-Anhaltischen Eisenbahn", letztere mit dem Adler des Staates verziert. Mit der Verstaatlichung traten rund 2450 Eisenbahner in preußische Dienste.

36 Die Bahnen im Süden Berlins mit dem (stärker ausgezogenen) Netz der Berlin-Anhaltischen Bahn (431 km) im Jahre 1882, außerdem eingetragen die 1878 zum Betrieb übernommene Oberlausitzer Bahn (178 km). Damit war ein leistungsfähiges Unternehmen entstanden, das im Verkehr der Reichshauptstadt mit dem Süden fast ein Monopol besaß. Schon ab 1876 liefen Schlafwagen der Gesellschaft „Wagons-Lits" bis Frankfurt (Main), ab Sommer 1880 als deutsche Premiere auch Speisewagen auf dieser Route. Die Zeichnung wurde 1941 in der „Reichsbahn" veröffentlicht.

36

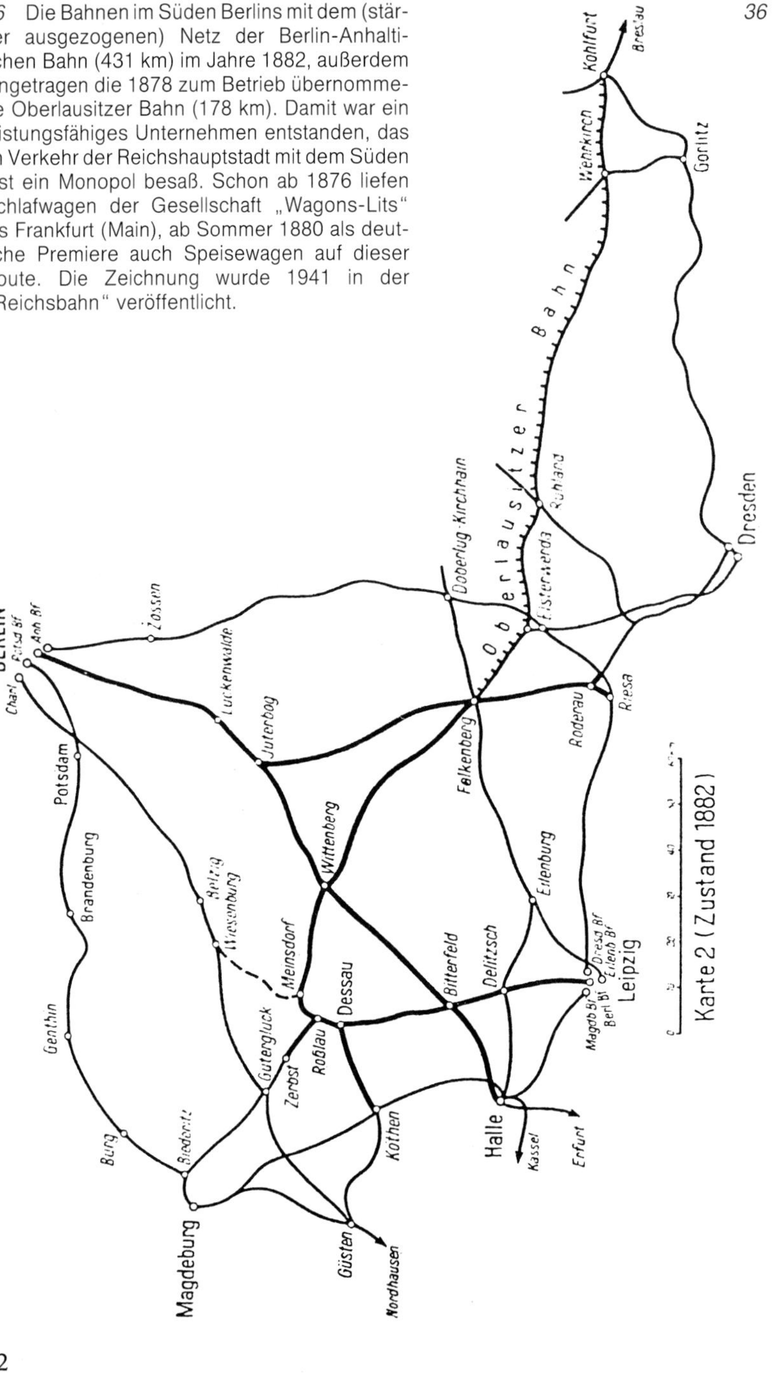

37

37 „Großer Bahnhof" am Anhalter: zum Empfang des italienischen Königs Umberto I. und des Kronprinzen Vittorio Emmanuele durch den erst wenige Monate herrschenden Kaiser Wilhelm II. am 21. Mai 1889 war ein Garderegiment angetreten. Der italienische Hofzug war über den Gotthard und Basel, Karlsruhe, Frankfurt am Main und Halle herangekommen. Wilhelm II. trägt die weiße Parade-Uniform des Regiments der Gardes-du-Corps. Eine Fotografie von Julius Braatz. Drei deutsche Kaiser hat der Bahnhof zwischen 1880 und 1918 gesehen. Am 21. Mai 1913 kam auch der russische Zar Nikolaus II. zur Hochzeit der Kaisertochter Viktoria Luise hier an.

38 Der Anhalter Bahnhof im Jahre 1901; Fotografie von Johannes Lüpke. Damals wurde die „elektrische Schnellbahn" von der Warschauer Brücke zum Zoologischen Garten durch die Hochbahngesellschaft erbaut, und auf einem ihrer Bauwerke hat er seinen Apparat aufgestellt. Bis zum Berliner Dom können wir blicken. Vor dem Bahnhof ist 1895 eine „Commando-Brükke" mit Stellwerk und Uhr errichtet worden. Viele Waggons bevölkern die Postgleise daneben; zum Kanal schließt sich ein Kohlenplatz an. Weiter links ist der Güterwagenaufzug mit Maschinenhaus und Schornstein zu sehen, durch welchen die tieferliegenden Lagerplätze aus der Zeit des ersten Anhalter Bahnhofs bedient wurden. Dahinter übrigens der Fürsteneingang und, ihm gegenüber, das Postamt 11.
„Drei Jahre waren vergangen, und Effi bewohnte seit fast ebenso langer Zeit eine kleine Wohnung in der Königgrätzer Straße, zwischen Askanischem Platz und Halleschem Tor ... ‚Bitte, meine gnädigste Frau, treten Sie hier heran, nur einen Augenblick, oder erlauben Sie mir, daß ich Sie bis an das Fenster führe. Wieder ganz herrlich heute. Sehen Sie doch nur die verschiedenen Bahndämme, drei, nein vier, und wie es beständig darauf hin und her gleitet ... und nun verschwindet der Zug da wieder hinter einer Baumgruppe. Wirklich herrlich. Und wie die Sonne den weißen Rauch durchleuchtet! Wäre der Matthäikirchhof nicht unmittelbar dahinter, so wäre es ideal.'"
(Theodor Fontane: Effi Briest. Roman, 1894)

39 Die Straßenseite des Bahnhofs kurz nach der Jahrhundertwende in einer Postkarte mit der Aufschrift: „Berlin, den 6. Juli. Nachdem wir noch eine Zeit lang im Kaffee Bauer gesessen hatten, sind wir per Automobildroschke zum Anhalter Bahnhof, von wo aus ich 3.48 Uhr nach Leipzig weiterfuhr". Rechts am Bildrand ist das alte Verwaltungsgebäude der B.A.E., Askanischer Platz 5, zu sehen.

38

Berlin
Anhalter Bahnhof

40

40 Rebhuhnjäger nach ihrer Ankunft vor dem Anhalter Bahnhof, aufgenommen um 1910 von Georg und Otto Haeckel. Rechts der „Eingang nur für Reisende mit Gepäck" und einige Gepäckträger, die auf Kundschaft warten.

„Ankunft: Beim Ausgang eines jeden Bahnhofs steht ein Schutzmann in Uniform, welcher Blechmarken mit der Nummer einer der am Bahnhof haltenden Droschken aushändigt. Man verlange gleich: 1. Classe! 2. Classe! oder Gepäckdroschke! Wer Gepäck hat, überlässt das oft sehr unbequeme Suchen der Droschke dem Gepäckträger. Derselbe erhält für leichtere Koffer 25 Pf., schwereres Gepäck 50 Pf. und darüber. Man gebe die Marke erst aus der Hand, wenn man in der Droschke Platz genommen hat und zum Abfahren bereit ist; der Kutscher darf nur gegen Vorzeigung und Abgabe der Marke fahren. Der Aufschlag auf den Fahrpreis vom Bahnhof ab beträgt 25 Pf. Gepäckdroschken (nur zweisitzig, bei schwererem Gepäck nothwendig) haben gleiche Taxe wie die Droschken 2. Classe. Bei überfüllten Zügen empfiehlt es sich, namentlich Gepäckdroschken von der letzten grösseren Station telegraphisch vorauszubestellen (50 Pf.). – Für die Beförderung des Gepäcks von den Bahnhöfen in die Stadt ist auch die Packetfahrtgesellschaft zu empfehlen; ein Beamter derselben befindet sich bei Ankunft der meisten Züge auf dem Bahnhof."
(Baedeker's Berlin und Umgebungen, 1889)

41 Das Neueste aus „Hof und Gesellschaft" in einem Zeitungsausschnitt vom 8. Februar 1905. Vollkommen inkognito war die Reise demnach nicht mehr.

Hof und Gesellschaft.

Der Kronprinz, über dessen bevorstehende Reise nach Italien wir bereits vor einigen Tagen berichteten, wird morgen (Montag) vormittag 10¾ Uhr vom Anhalter Bahnhof nach Florenz abfahren; er reist im strengsten Inkognito unter dem Namen eines Grafen von Ravensberg.

41

42 Durchgehende Fahrkarten vom Anhalter Bahnhof in Berlin zu den wichtigsten Großstädten und Badeorten, die mit seinen Zügen zu erreichen waren. Sie wurden zwischen 1898 und 1906 ausgegeben und abgefahren; heute sind sie Bestandteile der Fahrkartensammlung des früheren Verkehrs- und Baumuseums. Welche Mengen das einmal waren, zeigen folgende Zahlen: Am 2. Osterfeiertag 1896 wurden auf den Stationen vom Anhalter Bahnhof bis Zossen insgesamt 12837 Stück verkauft, am 2. Pfingsttag sogar 19509 Stück.

Für alle Züge
Für D- und L-Züge tarifm. Zuschl.
BERLIN Anhalter Bhf.
BAD KISSINGEN
über Halle - Suhl - Ritschenh.
25 kg Freigepäck nördlich Ritschenhausen
Zur Rückfahrt gültig 45 Tage einschliessl. d. Lösungstag.
Nicht übertragbar
III. Kl. 26,60 M
H B R
B
BERLIN A.Bhf - B-KISSINGEN
1847
10.04.98
Platzkarte
für Schnellzug Nr.
BERLIN Anh. Bhf.
MÜNCHEN-Centralbhf.
Wagen Nr.
Platz Nr.
C 2,00 M
(Siehe Rückseite)
1451
27.11.02
Für alle Züge.
Für D- und L-Züge tarifm. Zuschl.
Ab Dresden Personenzug.
BERLIN Anh. Bhf.
PRAG
über Zossen-Elsterw.-Böhla oder Röderau-Kötzschenbroda-Dresden-Bodenbach.
25 kg Freigepäck nördlich Bodenbach.
III. Kl. 14,10 M
E
F
BERLIN A.Bhf - PRAG
0419
Für alle Züge.
Für D- und L-Züge tarifm. Zuschl.
BERLIN Anhalter Bhf.
AUSSIG
über Zossen-Elsterwerda-Böhla oder Röderau-Kötzschenbroda
Dresden - Bodenbach.
25 kg Freigepäck auf deutschen Bahnstrecken.
II. Kl. 18,40 M
A
A
BERLIN A.Bhf. AUSSIG
0001
Für alle Züge
Für D- und L-Züge tarifm. Zuschl.
BERLIN Anhalter Bhf.
KARLSBAD B.E.B.
über Zossen-Elsterw.-Böhla oder Röderau-Kötzschenbr.-Dresden-Bodenbach-Aussig.
25 Kg Freigepäck auf deutschen Bahnen.
Zur Rückfahrt gültig 45 Tage
Nicht übertragbar
III. Kl. 27,50 M
H F R
F
BERLIN A.Bhf. KARLSB.B.E.B.
0781
Platzkarte
für Schnellzug Nr.
BERLIN Anh. Bhf.
CARLSBAD
Wagen Nr.
Platz Nr.
F 2,00 M
(Siehe Rückseite)
4701
20.-8.03
Personenzug.
BERLIN Anh. Bhf.
KOMOTAU
über Zossen-Elsterw.-Böhla od. Röderau-Kötzschenbrod. Dresden-Bodenbach-Aussig.
25 kg Freigepäck auf deutschen Bahnstrecken.
III. Kl. 18,60 M
E
E P
BERLIN Anh. Bhf. - KOMOTAU
0003
06.-4.03
Personenzug.
BERLIN Anh. Bhf.
TEPLITZ
über Zossen-Elsterw.-Böhla od. Röderau-Kötzschenbrod. Dresden-Bodenbach-Aussig.
Freigepäck auf deutschen Bahnstrecken.
III. Kl. 11,10 M
F
F P
BERL. A.Bhf. - TEPLITZ
0001
16.07.05
Militärfahrkarte
BERLIN Anh. Bhf.
BERKA (Jlm)
über Bitterfeld-Halle.
III. Kl. B 2,70 M
0001
Für alle Züge.
Für D- und L-Züge tarifm. Zuschl.
BERLIN Anh. Bhf.
BLANKENHAIN Th.
über Bitterfeld - Halle.
III. Kl. 18,50 M
F
F
BERLIN A.Bhf - Blankenhain
0001
Für alle Züge.
Für D- und L-Züge tarifm. Zuschl.
BERLIN Anh. Bhf.
DRESDEN Neust. od. Wettinerstr. oder Hptbhf.
über Elsterwerda-Böhla oder Röderau-Kötzschenbroda
Zur Rückfahrt gültig 45 Tage einschliessl. d. Lösungstages
Nicht übertragbar.
II. Kl. 17,60 M
H H R
H
BERLIN A.Bhf - DRESDEN
0112
-8.7.06
Für alle Züge
Für D- und L-Züge tarifm. Zuschl.
BERLIN Anhalter Bhf.
SCHANDAU
über Zossen-Elsterwerda-Böhla oder Röderau-Kötzschenbroda
Dresden
Zur Rückfahrt gültig 45 Tage einschliessl. d. Lösungstages
Nicht übertragbar
III. Kl. 14,20 M
H A R
A
BERLIN A.Bhf - SCHANDAU
2144

43 Blick über den Askanischen Platz an einem sonnigen Vormittag des Jahres 1910, eingefangen von dem Fotografen Waldemar Tietzentaler. Links der „Anhalter", daneben das Verwaltungsgebäude, auf welches die Schöneberger Straße und das 1901 erbaute Siemenshaus mit den auffälligen drei Bögen in der Fassade folgen. Im Hintergrund die Lukaskirche von 1862 an der Bernburger Straße, ganz rechts schließlich das 1889 fertiggestellte Hotel „Habsburger Hof" an der Königgrätzer Straße. Droschken und Postwagen, Straßenbahnen und Pferdeomnibusse, Handkarren und ein Lastenfahrrad repräsentieren den „Berliner Verkehr" von einst.
„Der zwischen dem Potsdamer und dem Askanischen Platz gelegene, Ende der 40er Jahre entstandene Stadttheil wird noch scherzweise das ‚Geheimrathsviertel' genannt, obgleich z. Z. mehr die Westvorstadt in der Nähe des Magdeburger und Lützow-Platzes, das Schöneberger Viertel, diesen Namen verdiente. Am Askanischen Platz der Anhalter Bahnhof, 1875–80 von Schwechten erbaut, der stattlichste Berlins, in reicher Terracotta-Architektur durchgeführt; die Baukosten betrugen 18 Millionen Mark. Die 35 m hohe, 61m weite, der Breite der Strasse Unter den Linden fast genau entsprechende Halle wird nur von zwei englischen Anlagen der Art übertroffen."
(Baedeker's Berlin und Umgebungen, 1889)

44 Es reizt immer wieder, unter den vielen Zügen am Anhalter Bahnhof nach den prominenten zu suchen. Eine Seite aus dem Winterkursbuch vom Januar 1910 zeigt unter den Luxuszügen fünf Verbindungen, die hier begannen. Zumeist waren es Saisonzüge, die im Sommer ausfielen. Dafür kamen ein Berlin-Tirol-Rom-Expreß (Abfahrt täglich um 15.15 Uhr) und der Marienbad-Expreß (Abfahrt 12.05 Uhr, Ankunft dort 18.54 Uhr) ins Reiseprogramm. Beim Lesen der Fahrpläne ist zu beachten, daß damals die Minutenziffern der „Nachtzeit" von 6 Uhr abends bis 6 Uhr früh im Druck unterstrichen waren.

43

757 Luxuszüge

(Schnellzugsfahrpreis I Kl. nebst Zuschlag siehe 752)

I Nord-Expreß

St. Petersburg–Berlin wöchentl. 2 mal
Moskau–Berlin wöchentl. 1 mal
Berlin–Ostende und Lüttich–Paris tägl.

Ft	9 45	km	Ab **Moskau** 583 .... An	9 50	Mi
	12 22	.	Ab **Warschau** .. } 31. 56 An	7 14	
Sb	10 [illegible]	639	An **Berlin** Schles. Bf } Ab	7 52	Di
Di, Sb	6 0	km	Ab **St. Petersburg** } 21 An	2 20	Ft, Mo
Do, St	10 [illegible]	1637	An **Berlin** Schles. Bf .. } Ab	7 58	Do, St
	10 45	.	Ab „ „ 110 .. An	7 41	
	10 59	1641	Ab „ Friedrichstr. ..... An	7 28	
	7 28	.	Ab Düsseldorf .... Ab	11 36	
	8 7	2225	Ab Cöln .... Ab	10 58	
Tägl.	7 10	2859	An ***London*** üb. Jeumont–Calais 500 a .... Ab	9 5	Tägl
	4 0	2711	An ***Paris*** Nord 166 ... Ab	1 50	
	11 33	2149	Ab Brussel .... Ab	5 22	
	1 12	2575	An **Ostende** .... Ab	3 32	
	10 45	2811	An ***London*** üb. Ostende .. Ab	9 5	

II Nord-Süd (Brenner)-Expreß

† Fahrplan der Strecke Ventimiglia–Cannes steht noch nicht fest

Zwischen Berlin u. Mailand während d. ganzen Fahrpl.	10 20	km	Ab **Berlin** Anh. Bf } 93 ... An	8 2	Zwischen Mailand u. Berlin während d. ganzen Fahrpl.
	12 50	174	Ab Leipzig Bayr. Bf } ... Ab	5 38	
	8 0	656	An } München 296. 304 .. } Ab	10 14	
	8 20	656	Ab } } An	9 54	
	2 15	962	An Bozen-Gries } 379 ... Ab	3 4	
	5 25	1112	An Verona ..... } ... Ab	11 55	
	5 35	1112	Ab Verona 537 .... An	11 45	
	8 22	1262	An Mailand 539 .... Ab	9 25	
	12 [illegible]	1413	An Genua .... Ab	5 15	
Bis 25/3	†8 20	1599	An Nizza 540 } Pariser Zeit .. Ab	9 26	Bis 25/3
	†9 6	1630	An **Cannes**. } .. Ab	8 33	

III Ägypten-Expreß

■ mit dem Nord-Süd-(Brenner-)Expreß vereinigt

Mi v. 5/1 bis 30/3	■10 20	km	Ab **Berlin** Anh. Bf 93 .... An	■8 2	Di v. 11/1 bis 5/4
	5 2[illegible]	1112	An } **Verona** 535 .... } Ab	11 55	
Do v. 6/1	5 50	1112	Ab } } An	11 32	
bis 31/3	7 4[illegible]	1214	Ab Modena .... Ab	9 40	Mo v. 10/1 bis 4/4
	8 4	1251	Ab Bologna .... Ab	9 0	
	12 [illegible]	1384	Ab Florenz .... Ab	5 20	
	6 10	1700	Ab **Rom** 552 .... Ab	10 0	St v. 9/1 bis 3/4
Ft v. 7/1 bis 1/4	11 5	1949	An } **Neapel** 552 .... } Ab	5 0	
	12 0	Seem.	Ab } } An	6 0	Sb v. 8/1 bis 2/4
	12 0	1019	An } **Alexandrien** 694 . } Ab	2 0	
Mo v. 10/1 bis 4/4	4 0	km	Ab } } An	12 45	Mi v. 5/1 bis 30,3
	7 2[illegible]	207,7	An **Kairo** 693 .... Ab	9 30	

IV Berlin-Neapel-(Palermo-Taormina-) Expreß

(Bis Neapel 2 mal wöchentlich)

● nur bis Ende April

	9 35	km	Ab **Berlin** Anh. Bf 93. 296 .. An	9 6	
	12 11	174	Ab Leipzig Bayr. Bf .... An	6 37	
Mo u. Do bis 12/5	7 20	656	An } München 304 .... } Ab	11 0	Do u. St bis 15/5
	7 40	656	Ab } } An	10 50	
	10 2[illegible]	828	An Innsbruck 379 .... Ab	7 50	
	7 41	1250	An Bologna 535 .... Ab	10 14	
	11 32	1383	An Florenz .... Ab	6 20	
Di u. Ft bis 13/5	5 20	1699	An } Rom .... } Ab	12 40	Mi u. Sb bis 11/5
	5 4[illegible]	1699	Ab } } An	12 15	
	10 [illegible]	1948	An } **Neapel** 552 ..... ● } Ab	8 0	
Ft	10 [illegible]	1948	Ab } } An	7 25	Mi
Sb	6 [illegible]	2650	An **Palermo** 555. 556 ● Ab	11 35	Di
Di	10 [illegible]	1948	Ab **Neapel** .... ● An	7 25	Sb
Mi	2 11	2166	An Giardini Taormina 556 ● Ab	3 45	Ft

V Berlin-(Karlsbad-) Marienbad-Expreß

Nur im Sommer

	...	km	Ab **Berlin** Anh. Bf 93 ...... An	...	
	...	171	Ab Leipzig Bayr. Bf .... An	...	
	...	32[illegible]	Ab Bad Elster .... Ab	...	
	...	357	An Franzensbad 93 a ...... Ab	...	
	...	364	An Eger .... Ab	...	
	...	416	An ***Karlsbad*** 356 ...... Ab	...	
	...	395	An Marienbad 363 .... Ab	...	

VI Riviera-Expreß

Vom 1/1 bis 26/4 tägl.	3 10	km	Ab **Berlin** Anh. Bf 193 .... An	6 58	Vom 2/1 bis 29/4 tägl.
	6 52	270	Ab Erfurt .... An	3 18	
	11 16	539	An Frankfurt .... Ab	10 57	
Di, Sb vom 12/2 bis 12/4	1 27	.	Ab **Haag** 568 .... An	7 43	Mo, Ft vom 14/2 bis 15/4
	2 6	0	Ab **Amsterdam** Wp. 139 An	7 18	
	6 1[illegible]	220	Ab Düsseldorf 127 .... An	3 53	
	7 2[illegible]	260	Ab Cöln 173 .... An	3 9	
	10 [illegible]	445	Ab Wiesbaden 138 ...... An	12 2	
	11 [illegible]	487	An Frankfurt 138 .... Ab	11 20	
Ab Frankfurt vom 2/1 bis 26/4 täglich	11 40	539	Ab Frankfurt 245. 215 ... An	10 40	Ab Ventimiglia vom 1/1 bis 28/4 tägl.
	1 [illegible]	624	Ab Ludwigshafen (Mannh.) . An	9 12	
	3 20	753	Ab Straßburg .... An	6 50	
	4 57	862	Ab Mülhausen 214 .... An	4 52	
	11 16	1235	An Lyon (Brott.) 513. ... Ab	9 17	
	4 19	1594	An Marseille 510 .. } Pariser Zeit Ab	3 51	
	8 12	1819	An **Nizza** 540 .... } Ab	11 55	
	9 20	1843	An **Mentone** ..... } Ab	10 59	
	9 41	1851	An **Ventimiglia** . Ab	10 22	

VII Lloyd-Expreß

6 55	km	Ab **Altona** Hbf 128 ...... An	4 26
7 11	7	Ab Hamburg Hbf .... An	4 8
8 48	122	Ab Bremen .... Ab	2 33
1 26	417	Ab Düsseldorf 127 .... Ab	10 7
2 13	457	Ab Cöln 173 .... Ab	9 31
5 14	612	Ab Wiesbaden 138 .... Ab	6 34
6 34	746	Ab Ludwigshafen (Mannh.) . Ab	5 3
8 21	863	Ab Straßburg 215 .... Ab	3 19
10 20	1005	Ab Basel 627 .... Ab	1 25
12 20	1106	Ab Luzern 643 .... Ab	11 21
7 10	1377	An Mailand .... Ab	4 55
10 40	1528	An **Genua** 539 .... Ab	1 15

VIII Ostende-Wien-Budapest (Orient)-Expreß

9 5		Ab *London* 425 .... An	5 4
4 40	km	Ab **Ostende** Hafen 425 ... An	9 52
6 38	125	Ab Brüssel Nord 166 ..... Ab	8 6
12 0	3[illegible]	Ab Cöln Hbf 173 .... Ab	4 27
3 38	572	Ab Frankfurt Hbf 242 ..... Ab	12 34
7 52	810	An Nürnberg 286 .... Ab	8 39
11 25	.	An *München* 295 .... Ab	4 43
5 25	1323	An **Wien** Westbf 367 ...... Ab	10 45
6 10	1323	Ab Wien Westbf 396 .... An	8 0
11 5	1618	An **Budapest** Westbf .... Ab	1 0

(weiter wie zu X)

IX Ostende-Nürnberg-Karlsbad-Expreß

Nur im Sommer

...		Ab *London* 425 .... An	...
...	km	Ab **Ostende** Hafen 425 ... An	...
...	125	Ab Brüssel Nord 166 ..... Ab	...
...	35[illegible]	Ab Cöln 173 .... Ab	...
...	572	Ab Frankfurt 242 .... Ab	...
...	810	An } Nürnberg 286. 293 .. } Ab	...
...	810	Ab } } An	...
...	1013	An **Karlsbad** .... Ab	...

X Orient-Expreß

	3 0		Ab ***Calais*** 494 .... An	1 11	
Tägl.	7 20	km	Ab **Paris** ... } 216 ..... An	7 30	Tägl.
	3 46	502	Ab Straßburg } ..... An	12 31	
	10 25	918	Ab München 304 a .... An	5 30	
	5 50	1385	An **Wien** Westbf 367 ..... Ab	8 55	
	6 10	1385	Ab Wien Westbf .... An	8 0	
	6 54	1402	Ab Wien Stsbf 396 .... An	7 0	
	11 [illegible]	1680	An **Budapest** Westbf .... Ab	1 0	
St, Di, Do	11 20	km	Ab **Budapest** Westbf 395 . An	10 55	Di, Do, Sb
Mo, Mi, Ft	5 40	371	An Belgrad .... } 690 Ab	4 17	„ „ „
Di, Do, Sb	10 17	1431	An **Constantinopel** } Ab	3 14	Mo, Mi, Ft
Mi, Sb	11 30	km	Ab **Budapest** Westbf 396 . An	12 50	Do, Mo
Do, St	5 40	879	An Bukarest ..... } 685 .. Ab	8 15	Mi, St
„ „	10 [illegible]	1112	An **Constantza** } .. Ab	3 25	„ „
Ft, Mo	11 0	146[illegible]	An *Constantinopel* ⚓ 685 . Ab	10 0	Di, Sb

45

46

45 Ferienzeit! Das Reisegepäck türmt sich auf den Bahnhöfen in Berlin, hier von den Haeckels fotografiert an der schmalen Zufahrtsstraße zum kaiserlich-königlichen Salon des Anhalter Bahnhofs. Blick in Richtung Süden, im Hintergrund sind aufgestellte Postwagen sichtbar. Aufnahme um 1910.

46 Fünf Gepäckträger am Anhalter Bahnhof in Kreuzberg anno 1906: „Das Gepäck resp. den Gepäckschein übergebe man einem uniformirten Kofferträger (dessen Nummer man sich merken wolle), der für die Beförderung des Gepäcks zur Droschke, je nach Anzahl der Stücke, 25–50 Pfennige erhält ... Von allen grösseren Hotels werden überdies bei Ankunft der Courier- und Schnellzüge Wagen, mit den Namen des betreffenden Hotels versehen, an den Bahnhöfen bereit gehalten." So steht es in Kiesslings Berliner Baedeker von 1883.

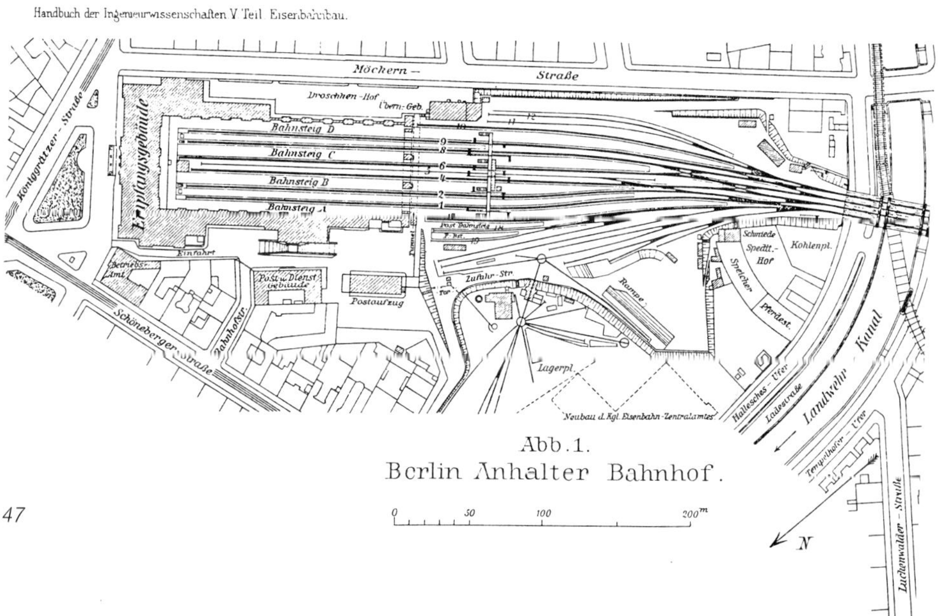

47

47 Gleis- und Lageplan des Anhalter Bahnhofes, wie er im „Handbuch der Ingenieurwissenschaften" von 1912 dargestellt ist. Bei seiner Betrachtung fallen viele Details auf: Die Numerierung der Gleise und der Bahnsteige, die Lage von Postamt und Betriebsamt an der Westseite, der Anschluß der Lagerplätze durch Wagenaufzug und Drehscheiben, der geplante Neubau des Eisenbahn-Zentralamts und die Trasse der Hochbahn über dem Kanal bestimmen den ersten Teil.

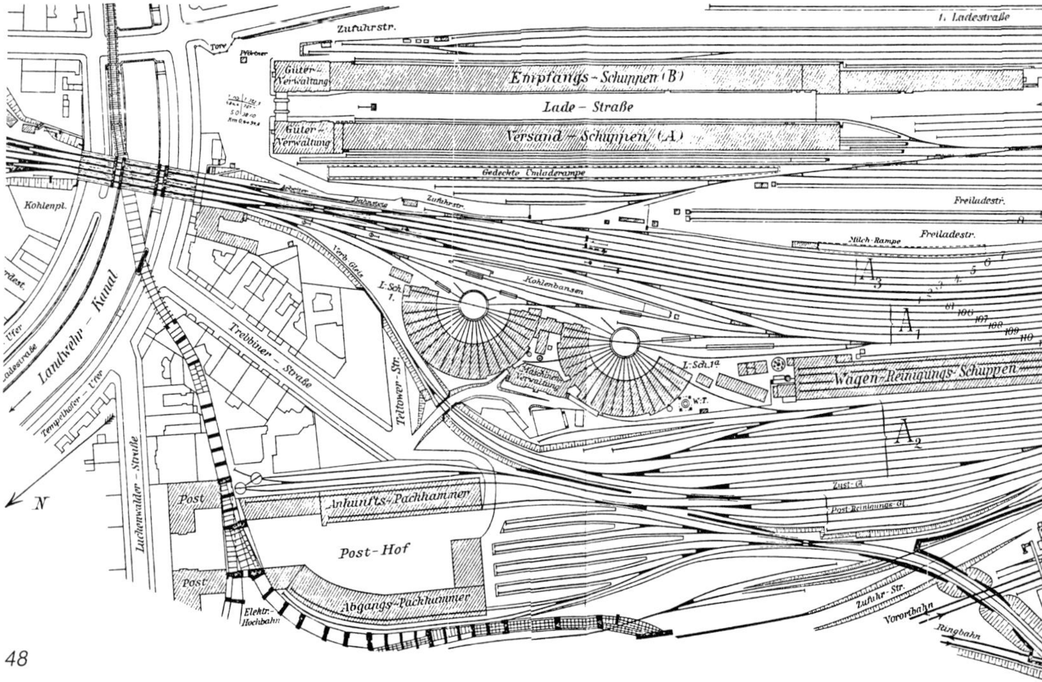
Zufuhrstr.
1. Ladestraße
Tor
Pförtner
Güter-Verwaltung
Empfangs-Schuppen (B)
Lade-Straße
Güter-Verwaltung
Versand-Schuppen (A)
Gedeckte Umladerampe
Kohlenpl.
Arbeiter Bahnsteig
Zufuhrstr.
Freiladestr.
Milch-Rampe
Freiladestr.
Verb. Gleis
L.Sch. 1.
Kohlenbansen
A3
A1
A2
Trebbiner-Straße
Landwehr-Kanal
Tempelhofer-Ufer
Luckenwalder-Straße
Teltower-Str.
Maschinen-Verwaltung
L.Sch. 1a
W.T.
Wagen-Reinigungs-Schuppen
Zust.-Gl.
Post-Reinigungs-Gl.
N
Post
Ankunfts-Packkammer
Post-Hof
Post
Abgangs-Packkammer
Elektr. Hochbahn
Zufuhr-Str.
Vorortbahn
Ringbahn

48

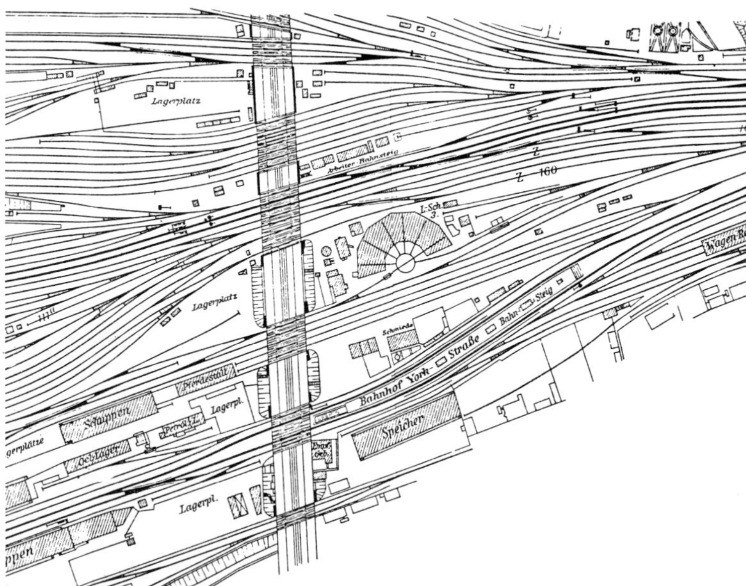
Lagerplatz
Arbeiter Bahnsteig
L.Sch. 3.
Lagerplatz
Schmiede
Bahnhof York-Straße
Bahn-Steig
Wagen-Rein
Pferdestall
Schuppen
Lagerpl.
Lagerplätze
Petrol.L.
Oel-Lager
Speicher
Lagerpl.

49

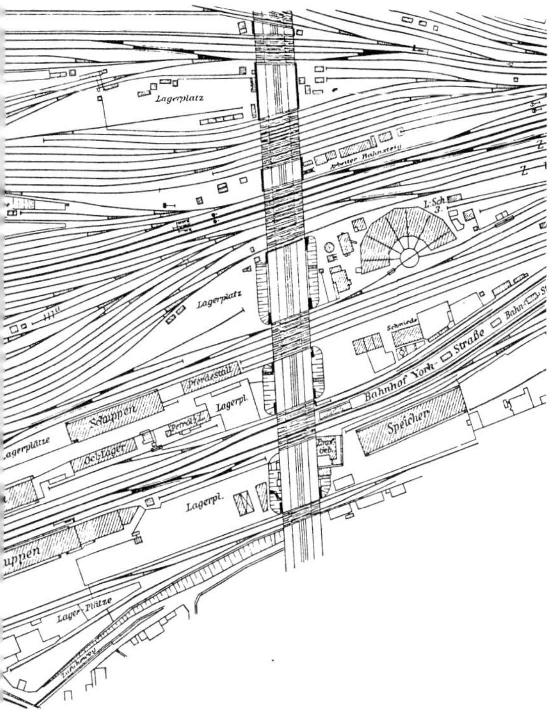

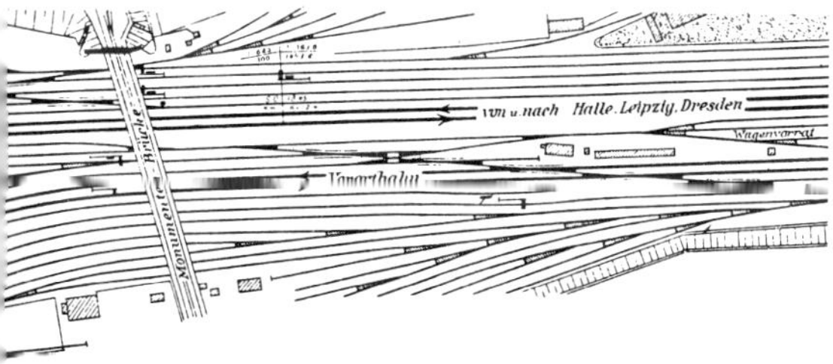

48 Der zweite Teil bringt uns den Anhalter Güterbahnhof im Zustand von 1912 näher: Der Postbahnhof an der Luckenwalder Straße wird ab Mai 1913 in Betrieb gehen. Über ein Zustellgleis und das Verbindungsgleis hinter dem Lokschuppen 1 kann der Fernbahnhof mit Postwagen erreicht werden, außerdem wird so die anstelle des „Provisoriums" von 1874 und auf Lagerplätzen eingerichtete Abstellgruppe A 2 bedient. Der Lokschuppen 1a ist bereits auf 19 Stände erweitert. Zwischen den Abstellgruppen A 1 und A 3 liegen die Ferngleise nach Halle, Leipzig und Dresden. An der Güterverwaltung und an der Yorckstraße sind „Arbeiter-Bahnsteige" für die Werkstättenzüge nach Tempelhof eingerichtet worden. Die Milchrampe, die Viehrampe und die Freiladegleise kennzeichnen bestimmte Funktionen des Anhalter Güterbahnhofs. Am unteren Bildrand liegt der alte Güterschuppen der Dresdener Bahn mit der durchlaufenden Vorortstrecke von Zossen und von Lichterfelde Ost, die seit dem 1. Dezember 1901 in den Potsdamer Ringbahnhof eingeführt war, um den Anhalter Bahnhof von Vorortzügen zu entlasten.

49 Der dritte, südlich der Yorckstraße gelegene Teil des Anhalter Bahnhofes ist bereits wesentlich schmaler geworden, denn die hohen Brückenbaukosten zwangen zur Zusammenfassung der Gleise. Unten der am 1. Mai 1903 an der Vorortstrecke neu eröffnete Bahnhof Yorckstraße, darüber der alte Dresdener Personenzuglokschuppen als „Schuppen 3" des Anhalter-Betriebswerks. Hier waren die Rangierloks und die Vorortmaschinen für die Strecke nach Zossen stationiert. Der „Wagen-Reinigungs-Schuppen" an der Monumentenbrücke diente zur Unterstellung der elektrischen Züge für den 1903 aufgenommenen 550-Volt-Betrieb nach Lichterfelde Ost. Nicht mehr auf der Karte dargestellt ist der Güterzuglokschuppen 2 der Anhalter Bahn, den wir uns im Bild rechts oben (südlich der Monumentenbrücke an der Ostseite der Strecke) zu denken haben. Dieser Schuppen war noch bis 1930 in Betrieb.

50

51

50 Eine Besonderheit der südlichen Berliner Eisenbahnlandschaft vor dem Ersten Weltkrieg war der Einsatz alter Doppelstockwagen für die Werkstätten-Arbeiterzüge zwischen Tempelhof und dem Anhalter Güterbahnhof, also nur für bahn-interne Zwecke. Die Wagen waren 1874 für die Ringbahn angeschafft worden, hatten sich aber wegen des langsamen Fahrgastwechsels nicht bewährt und wurden auf diese Weise aufgebraucht. Das Bild zeigt den Arbeiterzug im Jahre 1911.

51 Die Hochbahn am Landwehrkanal in Höhe der Möckernstraße und der Kreuzung mit den Anhalter Ferngleisen, aufgenommen von Tietzentaler 1902. Der elektrische Zug kommt von der Warschauer Brücke und fährt zum Gleisdreieck, passiert dabei das Kraftwerk. Auf der anderen Kanalseite ganz links der Kopfbau des Anhalter Güterbahnhofes, dahinter in Rauch und Dunst das Betriebswerk. Die Wohnhäuser in Bildmitte markieren das Tempelhofer Ufer und die Einmündung der Trebbiner Straße.

„Das bei weitem schnellste Verkehrsmittel Berlins ist die Hoch- und Untergrundbahn, wegen der großartigen Anlagen auch an sich eine Sehenswürdigkeit. Die 1902 eröffnete Bahn durchzieht die südlichen Stadtteile in ihrer ganzen Ausdehnung von Ost nach West und führt außerdem aus dem Stadtinnern (Stat. Spittelmarkt, Hausvogteiplatz, Friedrichstr., Kaiserhof, Leipziger Platz) nach dem Westen und nach dem Osten. Die ganze, teils als Hoch-, teils als Untergrundbahn gebaute Bahn ist 18 km lang. Ein weiterer Ausbau ist in Vorbereitung. Der Bau der Strecke Leipziger Platz – Spittelmarkt ist am teuersten gewesen; er erforderte wegen der großen Schwierigkeiten der Ausführung 20 Millionen Mark. Aus dem Fahrplan: Auf den Hauptstrecken der Bahn besteht ein 2 1/2 Minuten-Verkehr. Die Fahrt dauert vom Spittelmarkt nach Hausvogteiplatz 2 Min., Friedrichstr. 3 Min., Kaiserhof 4 Min., Leipziger Platz 6 Min."
(Griebens Reiseführer Berlin und Umgebung, 1910)

52 „Die vier Verkehrsebenen" am Anhalter Bahnhof, die nach dem Bau der elektrischen Hochbahn sich hier kreuzten, waren jahrzehntelang ein beliebtes Berliner Postkartenmotiv. Diese Ansicht ist kurz vor dem Ersten Weltkrieg entstanden. Im Hintergrund die Maschinenzentrale der Hochbahngesellschaft. Über die Eisenbahnbrücke von 1878 schiebt die Rangierlok einen neuen Zug in die Halle, vorn löscht ein Kahn seine Fracht. Von 1850 bis 1954 wurde das Hallesche Ufer als Ladestraße benutzt.

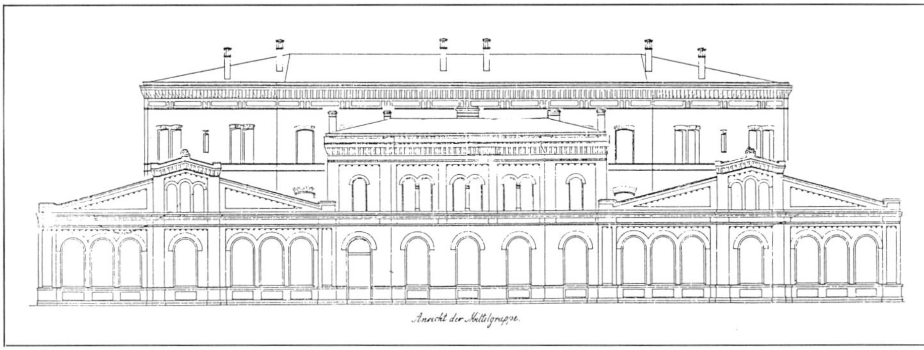

53

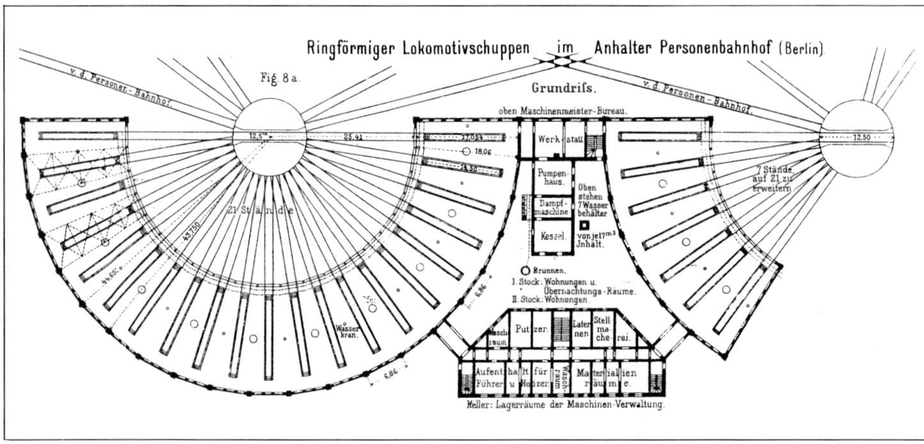

54

53 Eine Fassadenansicht aus dem Betriebswerk Anhalter Bahnhof, und zwar die Mittelgruppe mit dem Werkstattbau und den Stirnwänden der beiden angebauten Halbrundschuppen, überragt von dem „Beamtenwohnhaus" mit Verwaltung, Lägern, Wohnungen und Übernachtungsräumen für auswärtige Personale. So konnte man das 1874 von dem Abteilungs-Baumeister Paul Faulhaber der B.A.E. entworfene Gebäude vom Zug aus links liegen sehen, wenn man in den Anhalter Bahnhof einfuhr. Diese Anlage wird als Teil des Museums für Verkehr und Technik wiederhergestellt und enthält künftig dessen Schienenfahrzeuge.

54 Grundriß der Schuppen 1 und 1a des Betriebswerks Anhalter Bahnhof, gebaut bis 1876, Zustand etwa 1883. Noch sind alle Lokomotivstände von gleicher Länge, und beide Drehscheiben haben 12,5 Meter Durchmesser. Über der Werkstatt lagen das Büro des Maschinenmeisters und eingemauerte Wasserbehälter von insgesamt fast 120 m^3 Inhalt. Im Jahre 1898 hat man den Schuppen 1a (rechts) um 7 Stände und 1905 abermals um 5 Stände erweitert, zugleich die einzelnen Gleise bis 1936 mehrfach verlängert und immer wieder größere Drehscheiben eingebaut. Das Innere des Beamtenwohnhauses wurde 1906 umgestaltet: Werkstätten und Lager machten Platz für Büros sowie Schlaf- und Waschräume.

55 Der neue Wasserturm auf dem Betriebswerk Anhalter Bahnhof wurde 1907/1908 von August Klönne in Dortmund aufgestellt. Er faßte 300 m^3 im oberen Kugelbehälter. Ein fast baugleiches Modell mit kürzeren Stützen wurde auch in Essen errichtet. Das Bild, etwa 1911 aufgenommen, zeigt die Rückseite des Lokschuppens 1 a mit Blick auf die Gleise und das alte Empfangsgebaude des provisorischen Bahnhofs von 1874. Deutlich ist die damals erfolgte Aufschüttung sichtbar. Hier wurde das Gelände jetzt umgewühlt, um das Verbindungsgleis vom Postbahnhof und von der neuen Abstellgruppe zum Anhalter Bahnhof (über das Rangierstellwerk Rs) aufzunehmen. Noch lange Jahre hieß dieses Verbindungsgleis bei den Lokführern „Fahrt durchs Provisorium", oder ganz knapp im Berliner Tonfall: „Wir fahrn so rum!"

Außerdem zeigt das Bild rechts zwei neue Schornsteine, die zu der 1911 entstandenen „Centralen Rauchabführung für den Lokomotivschuppen 1 und 1 a mit 39 Patent-Trichtern" und 40 Meter hohen Schloten gehören. Damit sollten die aggressiven Gase aus den Schuppen gesaugt werden, um Menschen und Konstrukion zu schonen. Die links sichtbaren Kamine dienten der Markt- und Kühlhallen-Gesellschaft an der Trebbiner Straße, die dort riesige Kältemaschinen zur Versorgung Berlins mit Stangeneis aufgebaut hatte. Davor steht noch das Lagerhaus der Tucher-Brauerei, durch das die Berliner Gastwirte per Pferdewagen mit Münchener Bier beliefert wurden.

55

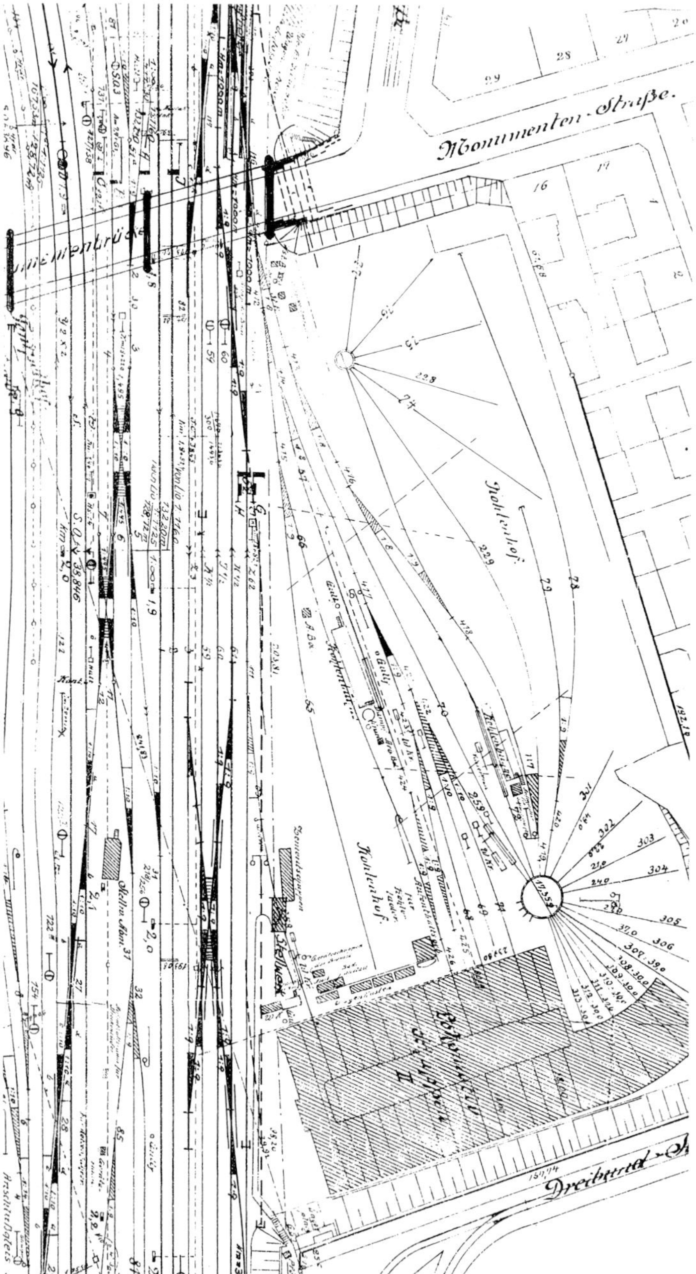

56

57

56 Lageplan des Schuppens für Güterzuglokomotiven zwischen Monumentenstraße und Dreibundstraße an der Ostseite der Anhalter Bahn. Dieser Schuppen 2, ebenfalls 1877 von Faulhaber geplant, besaß eine innenliegende Schiebebühne und bot anfangs Platz für 21 Maschinen auf 22 Stellgleisen. 1891 wurde er im gleichen Stil um 8 Plätze ostwärts erweitert, bald darauf um eine Drehscheibe und 6 weitere Plätze in einem runden Anbau mit neuem Wasserturm. Am oberen Bildrand stehen die Hinterhäuser der Eylauer Straße, deren Brandmauern auf manchen Fotografien dieser Schuppenanlage zu erkennen sind. In den zwanziger Jahren entschloß sich die Reichsbahn zur Verlagerung der Gütermaschinen nach Tempelhof und baute auf dem Gelände später Hallen für Salonwagen und Triebwagen. Reste des alten Lokschuppens 2 wurden erst in unseren Tagen abgebrochen. Plan aus der Zeit um 1914.

57 Das Gleisdreieck in Berlin während des Umbaus 1912/1913: Links der Postbahnhof an der Luckenwalder Straße, dahinter das Beamtenhaus und der Wasserturm des Anhalter-Betriebswerks. Die Hochbahn kommt links vom Halleschen Tor und gabelt sich nach vorn zum Leipziger Platz, nach hinten (am Stellwerk) zur Bülowstraße. In Bildmitte wird an der Umwandlung zum Gleiskreuz mit einer Entlastungslinie für Kurfürstenstraße zum Nollendorfplatz und an den Grundmauern des Bahnhofs „Gleisdreieck" gearbeitet.

„Zur Beachtung: Auskunft über Verkehrsmittel geben jederzeit bereitwilligst die uniformierten Schutzleute, die auf den Straßen und Plätzen Posten stehen. Vom frühen Morgen bis lange nach Mitternacht kursieren die Stadtbahn, die Hoch- und Untergrundbahn, die Straßenbahnen, Omnibusse und Droschken. Die praktische und billigste Benutzung dieser Transportmittel erfordert eine gewisse Sachkenntnis, welche in den folgenden Abschnitten dem Fremden an die Hand gegeben wird."

(Griebens Reiseführer Berlin und Umgebung, 1910)

58

58 Eine von rund zehn Tenderloks der Gattung T 3, die das Gelände des Anhalter Bahnhofs vor dem Ersten Weltkrieg bevölkerten, ist hier auf einem Gleis vor dem Schuppen 2 aufgestellt. Die Lok „6107 Berlin“, von Henschel 1889 gebaut und später noch zur 89 7059 geworden. Am Führerstand steht Werner Hubert, der die Platte im Jahre 1911 wohl auch aufgenommen hat.

59 Gleisentwicklung des Anhalter und des Potsdamer Bahnhofs in Berlin am 1. April 1904. Man erkennt die Überleitung des Vorortverkehrs der Strecken von Lichterfelde Ost und Zossen in den Potsdamer Ringbahnhof, außerdem die 1901 neu gebaute Verzweigung von Fern- und Vorortgleisen der Anhalter und Dresdener Bahn bei Südende. Bemerkenswert ferner die drei Lokschuppen des Anhalter-Betriebswerks, der Militärbahnhof Schöneberg mit seiner Strecke nach Zossen sowie die Anschlüsse an die Ringbahn. Schon 1910 machten sich in einem „Wettbewerb Groß-Berlin“ viele Architekten darüber Gedanken, wie der Anhalter (und der Lehrter) Bahnhof von einer Durchgangsbahn in Nordsüdrichtung ersetzt werden könnten.

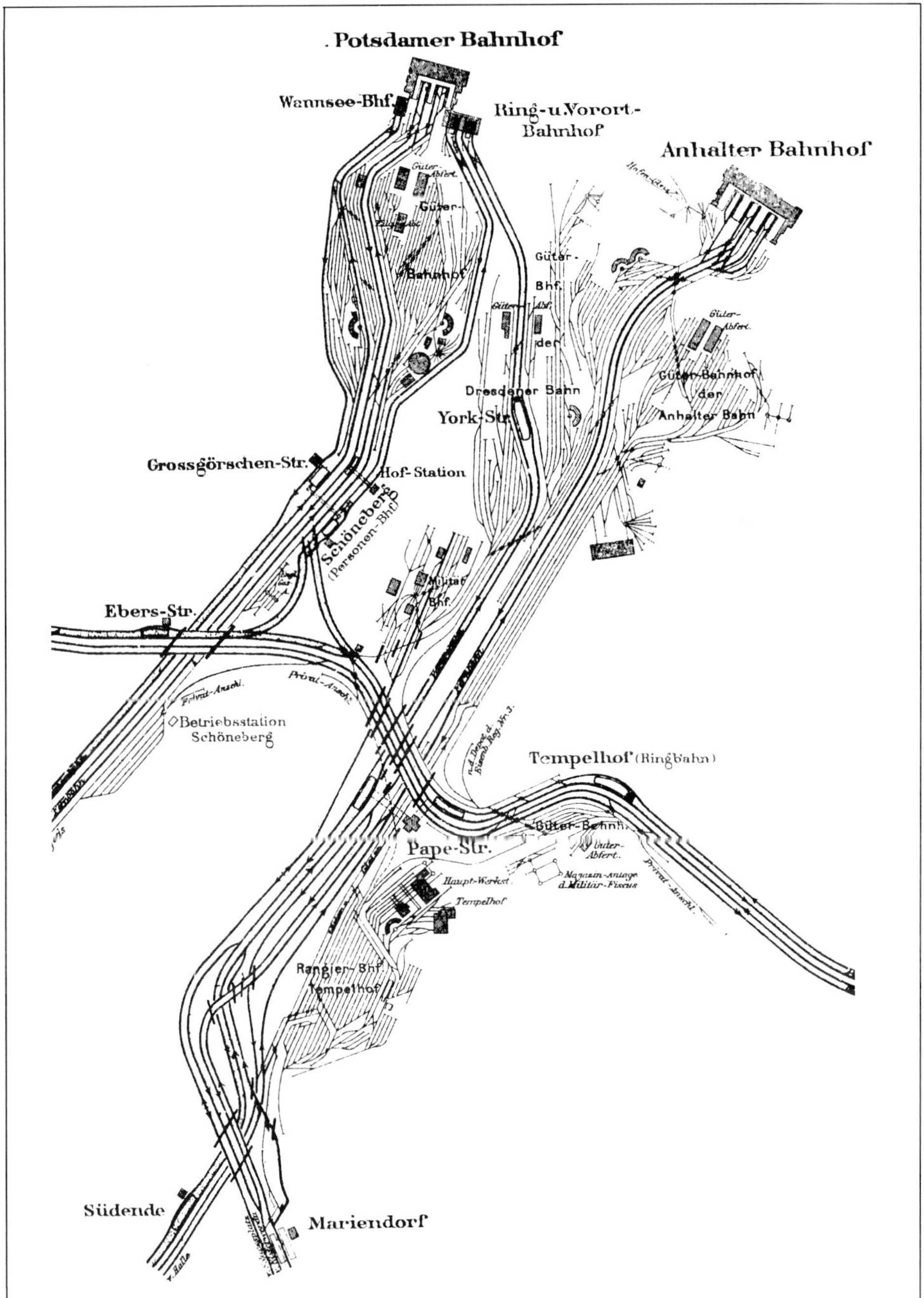
Potsdamer Bahnhof
Wannsee-Bhf.
Ring-u.Vorort-Bahnhof
Anhalter Bahnhof
Güter-Abfert.
Güter-Bahnhof
Güter-Bhf. der Dresdener Bahn
Güter-Abfert.
Güter-Bahnhof der Anhalter Bahn
York-Str.
Grossgörschen-Str.
Hof-Station
Schöneberg (Personen-Bhf.)
Militär Bhf.
Ebers-Str.
Privat-Anschl.
Privat-Anschl.
Betriebsstation Schöneberg
Tempelhof (Ringbahn)
Güter-Bahnh.
Güter-Abfert.
Pape-Str.
Haupt-Werkst.
Tempelhof
Magazin-Anlage d. Militär-Fiscus
Privat-Anschl.
Rangier-Bhf. Tempelhof
Südende
Mariendorf

60

2-B Heissdampf-Schnellzuglokomotive
der Kgl. Preuss. Staats-Eisenbahn S. 4.
Erbaut von der Maschinenfabrik Borsig in Berlin 1905.

657
S6 2-B H.-S.-L. Preuss St. B Thuriner Weltausstellung 1911

61

60 Eine 2'B-Heißdampf-Schnellzuglokomotive der Preußischen Staatsbahn auf dem Anhalter Bahnhof, erbaut von Borsig im Jahre 1905. Wiedergabe der Lokomotive „Halle 419" aus der Gattung S 4 auf einer Leonhard-Postkarte. Nach der Direktions-Reform von 1895 hatte die K.E.D. Berlin zwar die Zugförderung im gesamten Berliner Nahverkehr übernommen, dafür bis 1903 aber alle Leistungen im Fernverkehr an die angrenzenden Direktionen abgegeben. Das bedeutete, daß auf dem Anhalter Bahnhof überwiegend Maschinen mit dem Wort „Halle" auf dem Nummernschild ihren Dienst verrichteten, bis 1920 die Reichsbahnzeit begann.

61 Eine wesentlich stärkere Heißdampf-Schnellzuglokomotive mit der Achsfolge 2'B war die Gattung S 6. Im Bild die 1911 auf der Turiner Weltausstellung gezeigte Maschine „Halle 657" mit sogenannten Gleichstromzylindern und Ventilsteuerung des Berliner Hochschulprofessors Johannes Stumpf, erbaut von den Linke-Hofmann-Werken in Breslau. Für sie war noch die Reichsbahnnummer 13 1311 vorgesehen. Verantwortlich für den Bau der S 6 war der Geheimrat Robert Garbe im preußischen Eisenbahn-Zentralamt.

„Das allmähliche Anwachsen des Verkehrs auf dem Bahnhof mögen einige Zahlen veranschaulichen. Im Jahre 1880 fuhren vom Anhalter Bahnhof täglich 6 Schnell- und Eilzüge und 9 Personenzüge ab, und es kamen täglich 8 Schnell- und Eilzüge und 8 Personenzüge dort an. Fünfundzwanzig Jahre später, im Jahre 1905, hatte sich diese Zahl auf 25 täglich abfahrende und ankommende Schnell- und Eilzüge und 22 Personenzüge gesteigert. Zur Zeit laufen täglich rund 30 Schnell- und Eilzüge und die gleiche Zahl Personenzüge auf dem Anhalter Bahnhof ein und aus. Im Einklang mit dieser Steigerung des Zugverkehrs steht die Zunahme der Reisenden. Die Zahl der auf dem Anhalter Bahnhof im Jahre 1929 abgefahrenen Personen belief sich auf annähernd 2 Millionen. Im Jahre 1901 betrug sie etwa die Hälfte."
(„Die Reichsbahn", Heft 26/1930)

62 Die Naßdampf-Schnellzuglokomotiven der Gattung S 3 waren mit über tausend Exemplaren im Bestand der preußischen Staatsbahn ab 1892 die zahlreichste und wichtigste Maschine im hochwertigen Dienst. Die Aufnahme der Lok „209 Halle" aus der Fabrik von Henschel & Sohn wurde um 1911 im Anhalter Bahnhof auf die Platte gebannt.

67

67 Im Ersten Weltkrieg fielen die Luxuszüge am Anhalter Bahnhof fort. Das hing nicht nur mit den Zeitumständen zusammen, sondern auch mit der belgisch-französischen Heimat der Schlafwagengesellschaft. Viele ihrer Waggons wurden als Feindvermögen beschlagnahmt, um damit Ersatzzüge einzulegen, zum Beispiel für den besseren Militär- und Regierungsverkehr nach Südosteuropa einen „Balkanzug". Ein Teil des Zuges wurde in Charlottenburg und am Schlesischen Bahnhof abgelassen, ein Teil kam von Straßburg im Elsaß und München. Ab 1916 fuhr ein Teil des „Balkanzugs" vom Anhalter Bahnhof über Dresden und Iglau nach Wien, Budapest, Belgrad und Sofia weiter nach Constantinopel, um den Wegfall des „Orient-Expreß" auszugleichen. Bis Oktober 1918 lief er zweimal wöchentlich, seit Anfang 1917 von der neugegründeten „Mitropa" bewirtschaftet. Das vergilbte Bild entstand bei der ersten Fahrt vom Anhalter Bahnhof, Abfahrt 7.20 Uhr am 15. Januar 1916.

62

60 Eine 2'B-Heißdampf-Schnellzuglokomotive der Preußischen Staatsbahn auf dem Anhalter Bahnhof, erbaut von Borsig im Jahre 1905. Wiedergabe der Lokomotive „Halle 419" aus der Gattung S 4 auf einer Leonhard-Postkarte. Nach der Direktions-Reform von 1895 hatte die K.E.D. Berlin zwar die Zugförderung im gesamten Berliner Nahverkehr übernommen, dafür bis 1903 aber alle Leistungen im Fernverkehr an die angrenzenden Direktionen abgegeben. Das bedeutete, daß auf dem Anhalter Bahnhof überwiegend Maschinen mit dem Wort „Halle" auf dem Nummernschild ihren Dienst verrichteten, bis 1920 die Reichsbahnzeit begann.

61 Eine wesentlich stärkere Heißdampf-Schnellzuglokomotive mit der Achsfolge 2'B war die Gattung S 6. Im Bild die 1911 auf der Turiner Weltausstellung gezeigte Maschine „Halle 657" mit sogenannten Gleichstromzylindern und Ventilsteuerung des Berliner Hochschulprofessors Johannes Stumpf, erbaut von den Linke-Hofmann-Werken in Breslau. Für sie war noch die Reichsbahnnummer 13 1311 vorgesehen. Verantwortlich für den Bau der S 6 war der Geheimrat Robert Garbe im preußischen Eisenbahn-Zentralamt.

„Das allmähliche Anwachsen des Verkehrs auf dem Bahnhof mögen einige Zahlen veranschaulichen. Im Jahre 1880 fuhren vom Anhalter Bahnhof täglich 6 Schnell- und Eilzüge und 9 Personenzüge ab, und es kamen täglich 8 Schnell- und Eilzüge und 8 Personenzüge dort an. Fünfundzwanzig Jahre später, im Jahre 1905, hatte sich diese Zahl auf 25 täglich abfahrende und ankommende Schnell- und Eilzüge und 22 Personenzüge gesteigert. Zur Zeit laufen täglich rund 30 Schnell- und Eilzüge und die gleiche Zahl Personenzüge auf dem Anhalter Bahnhof ein und aus. Im Einklang mit dieser Steigerung des Zugverkehrs steht die Zunahme der Reisenden. Die Zahl der auf dem Anhalter Bahnhof im Jahre 1929 abgefahrenen Personen belief sich auf annähernd 2 Millionen. Im Jahre 1901 betrug sie etwa die Hälfte."
(„Die Reichsbahn", Heft 26/1930)

62 Die Naßdampf-Schnellzuglokomotiven der Gattung S 3 waren mit über tausend Exemplaren im Bestand der preußischen Staatsbahn ab 1892 die zahlreichste und wichtigste Maschine im hochwertigen Dienst. Die Aufnahme der Lok „209 Halle" aus der Fabrik von Henschel & Sohn wurde um 1911 im Anhalter Bahnhof auf die Platte gebannt.

63

64

65

66

63 Für die immer schwerer werdenden Züge reichten die zweifach gekuppelten Schnellzugloks auch im Flachland bald nicht mehr aus. 1912 erschien die Vierlings-Heißdampflok der Gattung S 10 im Anhalter Bahnhof, hier die von der Hanomag in Linden bei Hannover gebaute Maschine „Erfurt 1002“. Sie wog, betriebsfähig ohne Tender gerechnet, fast 78 t und erreichte 110 km/h.

64 Eine wesentliche Weiterentwicklung der Vierlingstype S 10 bedeutete die Konstruktion einer Vierzylinder-Verbundlokomotive der Gattung S 10^1 durch Henschel im Jahre 1911. Hier steht die am 12. August 1913 abgenommene Maschine „Halle 1104“ unter der Stellwerksbrücke des Anhalter Bahnhofs, hinter sich den Schnellzug D 80 nach München.

65 Auch das „Mädchen für Alles“, Robert Garbes Personenzuglokomotive der Gattung P 8, war bald nach ihrer Entstehung im Jahre 1906 auf dem Anhalter Bahnhof zuhause. Dieses Bild der Maschine „Halle 2423“, die am 6. März 1914 abgeliefert worden ist, entstand ebenfalls noch vor Kriegsbeginn unter der „Commando-Brücke“.

66 Eine weitere P 8-Lokomotive, die „Halle 2439“ aus der Berliner Maschinenbau-AG vormals L. Schwartzkopff in Wildau, ist hier am Stellwerks-Uhrenturm des Anhalter Bahnhofs zu sehen. Im Hintergrund die Häuser der Möckernstraße. Die Zeiger stehen auf 15.21 Uhr.

67

67 Im Ersten Weltkrieg fielen die Luxuszüge am Anhalter Bahnhof fort. Das hing nicht nur mit den Zeitumständen zusammen, sondern auch mit der belgisch-französischen Heimat der Schlafwagengesellschaft. Viele ihrer Waggons wurden als Feindvermögen beschlagnahmt, um damit Ersatzzüge einzulegen, zum Beispiel für den besseren Militär- und Regierungsverkehr nach Südosteuropa einen „Balkanzug". Ein Teil des Zuges wurde in Charlottenburg und am Schlesischen Bahnhof abgelassen, ein Teil kam von Straßburg im Elsaß und München. Ab 1916 fuhr ein Teil des „Balkanzugs" vom Anhalter Bahnhof über Dresden und Iglau nach Wien, Budapest, Belgrad und Sofia weiter nach Constantinopel, um den Wegfall des „Orient-Expreß" auszugleichen. Bis Oktober 1918 lief er zweimal wöchentlich, seit Anfang 1917 von der neugegründeten „Mitropa" bewirtschaftet. Das vergilbte Bild entstand bei der ersten Fahrt vom Anhalter Bahnhof, Abfahrt 7.20 Uhr am 15. Januar 1916.

3. Kapitel

Ein Bahnhof in Republik und Diktatur

Die Reichsbahnära des Anhalter Bahnhofs seit 1920.
Neue Züge, neue Fahrpläne, neue Lokomotiven.
Das Bahnbetriebswerk und seine hundert Dampfloks.
Vom „Fliegenden Münchner“ bis zum „Henschel-Wegmann-Zug“: Schnellverkehr am Anhalter Bahnhof.
Ein Tunnelbahnhof für die S-Bahn.
Abrißpläne seit 1938.
Wehrmachtszüge im Zweiten Weltkrieg.
Bomben fallen auf den Anhalter Bahnhof.

Als Berlins wichtigstes „Tor zum Süden“ war der Anhalter Bahnhof immer mit den modernsten Schnellzugmaschinen ausgerüstet, die von der Staatsbahn beschafft worden waren. So kamen in der Weimarer Zeit bald die schweren Reihen 39 und 01 zum Einsatz und lösten die älteren Gattungen S 6 und S 10 allmählich ab, während sich die P 8 mangels geeigneter Nachfolgerin und aufgrund ihres niedrigeren Alters noch gut hielt. Typische Güterzugloks im Außenbahnhof waren jetzt G 7, G 8^1 und ein paar G 10, dazu T 14 und die von der S-Bahn bald brotlos gemachte T 11, während die T 12 noch kräftig nach Zossen dampfte.

Aus der Feder von Karl-Ernst Maedel besitzen wir eine stimmungsvolle Beschreibung der Lokomotiv-Vielfalt am Anhalter Bahnhof, zuerst erschienen in seinem LOK-MAGAZIN, Heft 3: „Lange, lange Züge verließen den Anhalter Bahnhof. Man konnte sie gut sehen, wenn man mit der Hochbahn vom Gleisdreieck aus über die ausgedehnten Bahnhofsanlagen fuhr – welch ein Erlebnis war das doch! Und erst die Maschinen! Preußische und sächsische, Berliner, Leipziger, Hallische, Erfurter, Wittenberger, Dresdener Maschinenmänner riefen in ihren Dialekten durcheinander. 01er, 03er, S 10er sämtlicher Baumuster, P 8, P 10er, T 12 und T 14 waren vorhanden, dazwischen die großen sächsischen XVIII H, ‚Fremdlinge‘ inmitten der preußischen Welt, deren Dreivierteltakt-Auspuff genauso zum Begriff Anhalter Bahnhof gehörte wie der dumpf klingende Schlag der kleinen Rangierlokomotiven der Baureihe 89.“

Ergänzt wird dieses Bild noch durch seine folgenden Beobachtungen, ebenfalls aus den dreißiger Jahren: „Im Vorweihnachtsverkehr 1938, als ich im hallischen Bahnhof arbeitete, erschien mehrmals eine S 10 mit Gegendruckbremse als Vorspann vor den Frankfurter Zügen. Ob 17107 oder 120 – ich weiß es nicht mehr. Immerhin waren die Maschinen damals noch aktiv. Schön muß es gewesen sein, als von Dresden noch die 17^7 herüberkamen. Die sahen so putzig aus mit der Treibstange innen am Zapfen und der Kuppelstange außen darüber. 1935 habe ich in Dresden die letzte gesehen. Meinen letzten Besuch im Anhalter Bf. im Jahre 1950 vergesse ich sowieso nie. Bedrückend die Einfahrt in diese tote Halle, kaum Leben. Nur die Zuglok stimmte in etwa, 17 1024 Kohlenstaub."

Um 1930 hat Karl-Julius Harder den Lokomotivdienst am Anhalter Bahnhof kennengelernt und dazu mitgeteilt: „Ich kann den Bildern ansehen, wie sie heimlich und in Furcht vor der Bahnpolizei aufgenommen wurden. Anhalter Bahnhof war ja ganz gefährlich. Es dürfte sehr schwer gefallen sein, auf dem Anhalter Bahnhof eine T 12 oder T 14 zu erblicken. Aber die S 3/6-Leute werden böse sein, weil die S 3/6 von Halle, die mit FD 79/80 kamen, nicht erwähnt sind. Wer aber Ausdauer hatte und bis nach Mitternacht blieb, der konnte den letzten Personenzug von Wittenberg mit einer $G\ 8^3$ ankommen sehen. Das neue Bw Tempelhof wurde 1930 eröffnet, damit gab Bw Anhalter Bf die Güterzugabteilung (Schuppen 2 an der Kolonnenstraße) ab. Dieser wurde geschlossen. Dort konnte man auch G 12 von Halle sehen!"

Einen Überblick des Lokomotivbestands im Bahnbetriebswerk Berlin Anhalter Bahnhof am 1. August 1937 verdanken wir Albert Mühl, der ihn in LOK-MAGAZIN 6 veröffentlicht hat:

Schnellzugloks Reihe 01:	20 Stück
Schnellzugloks Gattung $S\ 10^1$:	7 Stück
Mehrzweckloks Gattung P 10:	12 Stück
Personenzugloks Gattung P 8:	3 Stück
Panzerlok Gattung G 10:	1 Stück
Güterzugloks Gattung T 11:	7 Stück
Vorortbahnloks Gattung T 12:	29 Stück
Rangierlok Gattung T 3:	1 Stück
Rangierloks Reihe 89:	6 Stück
Gesamtzahl	86 Stück

Über die „Panzerlok" des Anhalter-Betriebswerks ist wenig bekannt. Zwischen 1931 und 1935 soll es die Maschine 93 220 gewesen sein, in den Jahren 1937 bis 1939 ist dort eine Panzerlok G 10 gemeldet, zwischen September 1937 und März 1938 auch wieder eine gepanzerte T 14 mit Loknummer 93 058. Vermutlich sind sie für den Fall innerer Unruhen schon zu Reichswehrzeiten umgerüstet worden.

Das Bahnbetriebswerk mit seinem Dienstvorsteher Teichert gehörte damals zum Maschinenamt „Berlin 3", das seinen Sitz im Potsdamer Bahnhof hatte. Amtsvorstand war in den dreißiger Jahren übrigens Friedrich Witte, der spätere Bundesbahn-Lokomotivdezernent, der schon damals maßgeblich an neuen Konstruktionen der Reichsbahn mitwirkte. Und auch der „Lokomotivpapst" Richard Paul Wagner im Reichsbahn-Zentralamt Berlin am Halleschen Ufer hatte ein Dienstzimmer mit Blick auf den Anhalter Bahnhof, so daß er tagtäglich seine Werke vorüberdampfen sehen konnte...

68

68 Ehe der Kaiser abgedankt hatte, stand der Anhalter Bahnhof bereits im Brennpunkt der Politik: am 23. Oktober 1918 traf hier Karl Liebknecht ein, aus dem Zuchthaus in Luckau entlassen. Knapp drei Wochen darauf rief er, kurz nach Scheidemann, die Republik aus. Bilder von seiner Ankunft in Berlin sind nicht bekannt. Ein gutes Jahr später, im März 1920, bricht nach der Unterzeichnung des Versailler Vertrages der rechtsgerichtete Kapp-Putsch los, durch den die Verhältnisse von 1914 wieder hergestellt werden sollen. Erst ein Generalstreik von SPD und Gewerkschaften läßt diesen Staatsstreich erlahmen. Immerhin besitzen wir aus jenen turbulenten Tagen das Bild eines „Panzerzuges der Kapp-Truppen am Anhalter Bahnhof" aus dem aktuellen Ansichtskartenverlag Michaelis, das rechts die Möckernstraße und im Hintergrund Schwechtens Güterbahnhof erkennen läßt. Der Zug selbst dürfte noch aus Fahrzeugen der kaiserlichen Armee bestehen.

69 Eine ansehnliche „Männerpyramide“ haben die Lokpersonale und Heizhausleute vom Schuppen 1 des Anhalter-Betriebswerks in dieser Fotografie vom 8. April 1921 aufgebaut. Mit ihren Chefs an den Seiten sind es 48 Eisenbahner, die nun seit einem Jahr nicht mehr bei der preußischen Staatsbahn arbeiten, sondern bei der neugegründeten Deutschen Reichsbahn. Hinter ihnen eine Schnellzuglok der Gattung S 6, vermutlich die 1911 von Linke-Hofmann gebaute „Halle 664“, spätere Nummer 13 1219, ausgemustert 1928. Über vierhundert Maschinen dieses Typs besaß die Reichsbahn noch, als die Aufnahme entstand.

69

70 Ein sehr schönes Bild vom Anhalter-Betriebswerk ist bald darauf, jedenfalls zwischen 1921 und 1924, von Waldemar Tietzentaler für das Buch „Weltreich der Kraft“ von Artur Fürst angefertigt worden. Es zeigt den Schuppen 1 mit seiner 20-Meter-Drehscheibe und einer P 8-Lokomotive darauf, rechts wartend eine weitere dieser Maschinen. Im Schuppen ist eine S 10^1 zu erkennen, dahinter das Verwaltungs- und Stallgebäude der Kühlhallengesellschaft von Linde, in welchem sich seit 1983 das Museum für Verkehr und Technik befindet. Links daneben die Zinnen des zwischen 1979 und 1982 abgerissenen Kühlhauses an der Trebbiner Straße.

71 Bahnsteiggetümmel war selbst in den schweren Inflationsjahren zu verzeichnen, wie das Bild von Albert Vennemann aus „Scherls Magazin“ vom Juli 1923 zeigt. In der „Stimmung des Aufbruchs, Aufnahme gegen das Licht“ ist links ein Zug nach Dresden über Elsterwerda (Abfahrt 2.08 Uhr) und rechts ein Zug nach Bebra über Halle (Abfahrt 12.57 Uhr) zu erkennen. Eine eigene Form haben auch die Ankunftsanzeiger und die Knipserbuden („Wannen“) aufzuweisen. 1926 nahm Außenminister Stresemann hier den Zug zum Treffen mit seinem französischen Kollegen Aristide Briand in Thoiry. Wenn man es recht überlegt, war jeder Berliner – Einheimischer wie Gast – wenigstens einmal dort. Wie oft mag der Apostolische Nuntius Eugenio Pacelli, der spätere Papst Pius XII., während seiner Berliner Amtszeit (1920 bis 1930) hier den Zug nach Rom bestiegen haben?

Gesellschaft für Markt u. Kühlhallen
Gesellschaft für Markt & Kühlhallen

70

71

Anhalter Bahnhof
Bahnsteig C
Ausgang u. Gepäckausgabe
Abfahrt 2

In Berlin abgehende u. ankommende Fernzüge

Anhalter Bahnhof.

Abfahrt nach

Pz. 2—4	$12^{\underline{00}}$	Halle—Eisenach—Frankfurt (Main) (Anschluß nach Leipzig)
Pz. 2—4	$5^{\underline{00}}$	Halle—Eisenach—Frankfurt (Main) (Anschluß nach Röderau u. Leipzig)
Pz. 2—4	$5^{\underline{50}}$	Dresden über Elsterwerda
Pz. 2—4	6^{00}	Luckenwalde
Dz. 1—3	7^{35}	Halle — Eisenach — Frankfurt (Main) — Basel (—Genua) (Anschluß nach Saarbrücken)
Ez. 2—3	7^{00}	Bitterfeld—Leipzig—Corbetha—Bebra—Cassel
Dz. 1—3	7^{50}	Stuttgart (Wildbad v. 15. 6—31. 8.) u. Ludwigshafen
Dz. 1—3	8^{00}	Dresden(—Chemnitz) (—Karlsbad)—Prag—Wien
Dz. 1—3	8^{55}	Erfurt—Bad Kissingen (bis 31. 8.)
Dz. 1—3	9^{05}	Leipzig(—Eger)—München(—Rom)
Pz. 2—4	9^{10}	Halle—Bebra—Cassel (Anschluß nach Leipzig)
Pz. 2—4	9^{37}	Dresden über Elsterwerda
Dz. 1—3	10^{25}	Halle—Naumburg—Saalfeld—Probstzella—Nürnberg(—Stuttgart)—München (Anschluß über Halle nach Leipzig)
Pz. 2—4	11^{45}	Dresden über Röderau
Ez. 2—3	12^{25}	Leipzig
Pz. 2—4	12^{57}	Halle—Bebra (Anschluß nach Leipzig)
Dz. 1—3	1^{12}	Elsterwerda (—Chemnitz) — Dresden — Bodenbach—Prag—Wien—Budapest
Dz. 1—3	2^{03}	Halle—Eisenach—Frankfurt (Main) (—Basel)
Pz. 2—4	2^{08}	Dresden über Elsterwerda (Werktags)
Pz. 2—4	4^{25}	Leipzig—Saalfeld—Nürnberg—München (Anschluß in Bitterfeld nach Halle)
Pz. 2—4	4^{35}	Halle—Erfurt—Bebra—(—Cassel) (Anschluß nach Röderau u. Leipzig)
Dz. 1—3	$6^{\underline{10}}$	Stuttgart—Konstanz—Mailand u. Mannheim—Saarbrücken
Pz. 2—4	$6^{\underline{15}}$	Jüterbog (Werktags)
Pz. 2—4	$7^{\underline{00}}$	Dresden über Elsterwerda
Dz. 1—3	$7^{\underline{27}}$	Leipzig—Hof—München
Dz. 1 - 3	$7^{\underline{13}}$	Röderau(—Chemnitz)—Dresden
Dz. 1—3	$7^{\underline{40}}$	Schlafwagenzug nach München über Halle—Naumburg—Saalfeld—Probstzella
Dz. 1—3	$7^{\underline{50}}$	Leipzig—Hof—Regensburg—Passau—Wien
Dz. 1—3	$8^{\underline{35}}$	Halle-Naumburg-Saalfeld-Probstzella-München
Dz. 1—3	$8^{\underline{55}}$	Halle — Eisenach — Frankfurt (Main) — Basel — Zürich—Mailand
Dz. 1—2	$9^{\underline{05}}$	Schlafwagenzug nach Frankfurt (Main)
Pz. 2—4	$9^{\underline{10}}$	Wittenberg (Werktags)
Dz. 1—3	$10^{\underline{00}}$	Leipzig—Hof—München und nach Stuttgart—Karlsruhe
Pz. 2—4	$10^{\underline{10}}$	Halle—Eisenach—Frankfurt (Main)

72

72 Der Anhalter Bahnhof war auch jene Bahnstation in Berlin, von der man Weimar erreichen konnte. Das hat zur Zeit der Nationalversammlung, die wegen des Spartakusaufstandes in Berlin im Februar 1919 nach dort verlegt worden war, zahlreiche prominente Fahrgäste auf seine Bahnsteige gebracht, darunter den bald zum Reichspräsidenten gewählten Friedrich Ebert. Drei Jahre später, im Sommer 1922, nannte ein kleines Büchlein mit dem Titel „Kiesslings Berliner Verkehr" für den Anhalter Bahnhof die dort abfahrenden (und ankommenden) Züge. Hierin sind noch immer die alten Nachtzeiten zwischen 6 Uhr abends und 6 Uhr morgens durch Unterstreichen der Minutenziffern kenntlich gemacht, außerdem nach der Zugart die Wagenklassen vermerkt.

73 Die von der Reichsbahn und der Industrie neu entwickelten Einheitslokomotiven wurden ab 1925 gebaut. Die ersten acht Maschinen der Reihe 01 lieferte Borsig in Tegel, darunter als Fabriknummer 11 998 auch die abgebildete Schnellzuglok 01 006. Rudolf Kreutzer hat den funkelnagelneuen Renner im März 1926 auf der Drehscheibe vor dem Schuppen 1 des Anhalter-Betriebswerks auf die Platte gebannt. Die Lok trägt noch keine Heimatschilder, sie ist nur auf der Durchreise zur Erststationierung im bayerischen Hof. Aus dem Schuppen lugen Maschinen der Gattung S 10^1, dahinter wieder die Bauten der Kühlhallengesellschaft.

74 Schon die zweite Bestellung ihrer schweren Einheits-Schnellzugmaschinen, die Lokomotiven 01 012 bis 021, stationierte die Reichsbahn im Frühjahr 1928 am Anhalter Bahnhof. Noch 1933 liefen zehn „Null-Einsen" hier, doch war für die 01 019 fabrikneu von Krupp 1931 die 01 097 an die Trebbiner Straße gekommen. Bis 1937 wurde ihr Bestand auf zwanzig Einheiten aufgestockt: 1934 kamen 01 104 bis 106, im Jahr darauf 01 116 und 117 sowie 1936 die 01 188 bis 190 ab Werk hierher, außerdem wohl zwei umbeheimatete Vertreterinnen dieses Typs. Die Maschinen ab Loknummer 01 102 waren für ein Tempo von 130 km/h ausgelegt (nach H. Wenzel, Die Baureihe 01, Freiburg 1977).

73

74

75

75 Eine Luftaufnahme des Anhalter Bahnhofs aus den frühen zwanziger Jahren. Oben der Askanische Platz und die Königgrätzer Straße, bald darauf umbenannt in Stresemannstraße. Rechts die Möckernstraße mit den aufgereihten Droschken, links vor dem Bahnhof abgestellte Postwagen und die Güterwagen-Hubeinrichtung zu den Lagerplätzen. Deutlich ist die „Commando-Brücke" zu erkennen.

76 Gegen Ende der zwanziger Jahre, ehe die Lieferungen der Schnellzuglokreihe 03 die Ausmusterung der kohlenfressenden Drillingsloks S 10^2 beschleunigten, ist dieser Blick auf den Lokschuppen 1 a mit dem dahinterliegenden Beamtenhaus entstanden. Von links nach rechts sehen wir die folgenden Maschinen: 17 269, 39 099, eine weitere S 10, 17 1142, 17 1023, 17 1204 und 38 3224. Ihre neuen Nummernschilder tragen sie erst kurze Zeit.

77 Die schweren Maschinen der preußischen Gattung P 10, erst nach dem Ende der Staatsbahn ab 1922 geliefert, kamen anfangs überwiegend vor Schnellzügen auf schwierigen Strekken zum Einsatz. Das Anhalter-Betriebswerk wurde 1923/24 mit den 16 Maschinen 39 054, 091 bis 094, 098 bis 107, 110 bis 112 und 197 bis 198 direkt ab Lokfabrik beliefert. Bis auf die letzten beiden Maschinen von Linke-Hofmann war Borsig in Berlin ihr Hersteller. Durch die Anlieferung der schnelleren Reihe 01 sank der P 10-Bestand am Anhalter Bahnhof auf 10 Stück im Jahre 1930, stieg aber bis 1933 wieder auf 12 und 1938 sogar auf 13 Maschinen. Mitte 1933 trugen das Schild „Ahb" am Führerhaus: 39 098 bis 101, 104 bis 106, 110 bis 112 und 115, also 11 eigene Loks P 10 neben den Wendemaschinen im Schuppen 1 und 1 a (nach A. Mühl, Die preußische P 10, Stuttgart 1970; H. Wenzel, Die Baureihe 39, Freiburg 1982). Eine bei den Fotografen (zufälligerweise) sehr beliebte Lokomotive war die Maschine 39 105 des Anhalter-Betriebswerks, preußische Gattung P 10. Hier ist sie am 29. Juli 1928 vor den „Beschleunigten Personenzug" BP 848 von Berlin nach München gespannt, der die Reichshauptstadt um 16.30 Uhr verließ und Bayerns Metropole am anderen Morgen 9.40 Uhr erreichte. Diese Langstreckenzüge boten Reisen für den schmalen Geldbeutel, denn damals erhob die Bahn selbst für Eilzüge einen Zuschlag.

76

77

79

78 Eine Abfahrtszene mit einem Zug aus preußischen Abteilwagen im Jahre 1927; besonders einprägsam die Hutmode jener Zeit. In der Halle ist ein Arbeitsgerüst zur Untersuchung der Dekke aufgebaut.
„Abfahrt 7 Uhr 27 Minuten. So ist unter einer Tafel zu lesen, die das Aufstellgleis eines Schnellzugs nach Halle, Nürnberg und München im Anhalter Bahnhof zu Berlin bezeichnet. Schon eine halbe Stunde vor dieser in den Fahrplänen festgesetzten Abfahrtzeit werden die Wagen in die Halle geschoben, die Lokomotive liegt um 7 Uhr 5 vor dem Zug, 7 Uhr 10 hat sie die Bremsprobe beendigt. Drei Minuten vor der vorgeschriebenen Abfahrtzeit ertönt der Ruf der Schaffner: ‚Bitte Platz nehmen!' Um 7 Uhr 25 werden alle Türen geschlossen, der Zug ist abfahrbereit. Der Aufsichtsbeamte heftet sein Auge auf das Zifferblatt der großen Uhr. In dem Augenblick, wenn der Zeiger von der Minutenzahl 26 zu 27 hinüberspringt, hebt er den Befehlsstab, und der Zug setzt sich in Bewegung. 9 Uhr 54 ist als Ankunftzeit auf dem nächsten Anhaltepunkt, im Bahnhof Halle, festgesetzt. Der Zug läuft dort auf die Minute genau ein."
(Artur Fürst, Das Weltreich der Technik, Berlin 1926)

79 Panorama des Anhalter Personen- und Güterbahnhofs in Berlin um das Jahr 1928, abgedruckt im „Reichsbahn-Kalender" von 1931. Links ist der „Schuppen 3" zu sehen, der die Tenderloks der Gattungen T 3, T 11 und T 12 des Anhalter-Betriebswerks (später auch die Einheitslok 89) aufnahm. Dahinter Postbahnhof, Betriebswagenwerk, Wasserturm am Schuppen 1 a und die weiß getünchte Wand des Hauses „Trebbiner Straße 9", damals Verwaltungsgebäude der Kühlhallengesellschaft. Rechts daneben die Schwechten-Bauten für den Personen- und den Güterverkehr. Als dunkles Band verläuft durch die Bildmitte das Brückensystem der Yorckstraße.

80

80 Häufige Gäste im Anhalter Bahnhof von Berlin waren die sächsischen Schnellzugloks der Gattung XVIII H, Reichsbahnreihe 18^0, die im Betriebswerk Dresden Altstadt beheimatet waren. Mehrmals täglich kamen sie herein. Dieses Winterbild ist am 27. Januar 1929 entstanden; die Maschine 18 003 schleppt einen Schnellzug von neun Wagen südwärts. Auch die größte sächsische Schnellzuglokomotive, die vierfach gekuppelte Gattung XX HV (Reichbahnreihe 19^0), kam vor schweren Schnellzügen aus Bodenbach und Dresden nicht selten in den Anhalter Bahnhof. Selbst die sächsische Gattung XII HV (Reihe 17^7) fuhr bis 1930 mitunter im Bahnhof Schwechtens ein. Links ist der Wasserturm von Klönne zu sehen.

81 Recht verwirrend mutet es an, wenn hier ein Bild vom Potsdamer Ring- und Vorortbahnhof mit einem Dampfzug nach Zossen erscheint. Im Hintergrund sind der dicke Wasserturm am Hafenplatz und das Reichsbahndirektionsgebäude am Schöneberger Ufer zu sehen: der Kenner weiß bereits, daß die Maschine 74 1149 im „Schuppen 3" des Anhalter-Betriebswerks an der Yorckstraße stationiert war, um den Nahverkehr der Dresdener Bahn zu besorgen. Weitere Zielschilder sind rechts im Bild aufgehängt. Die ehemalige Stadtbahnlokomotive der Gattung T 12 ist mit einem Turbogenerator für die Zugbeleuchtung ausgerüstet. Foto um 1935.

82 Nur als Schattenrisse sind die vormalige Stadtbahnlok T 11, der Packwagen und der Postwagen eines Zuges zu erkennen, die sich langsam vom Abstellbahnhof über den Landwehrkanal zum Anhalter Bahnhof bewegen. Blick vom Schöneberger Ufer, etwa 1928. Eine neue Brükkenkonstruktion hat die alten Bögen über das Gewässer abgelöst, und am südlichen Ufer ist das Stellwerk „Abf" nach Entwürfen von Richard Brademann hochgezogen worden. Es ersetzte das dreißigjährige Reiterstellwerk vor der Halle des Fernbahnhofs. Brademann war damals Hochbau-Dezernent der Reichsbahndirektion Berlin und hat viele Entwürfe bei der Elektrifizierung der Stadt-, Ring- und Vorortbahnen bestimmt. Auch der tiefliegende „Anhalter Bahnhof" an der Nordsüd-S-Bahn mit der weißen Glasverkleidung von 1939 trägt seine Handschrift.

81

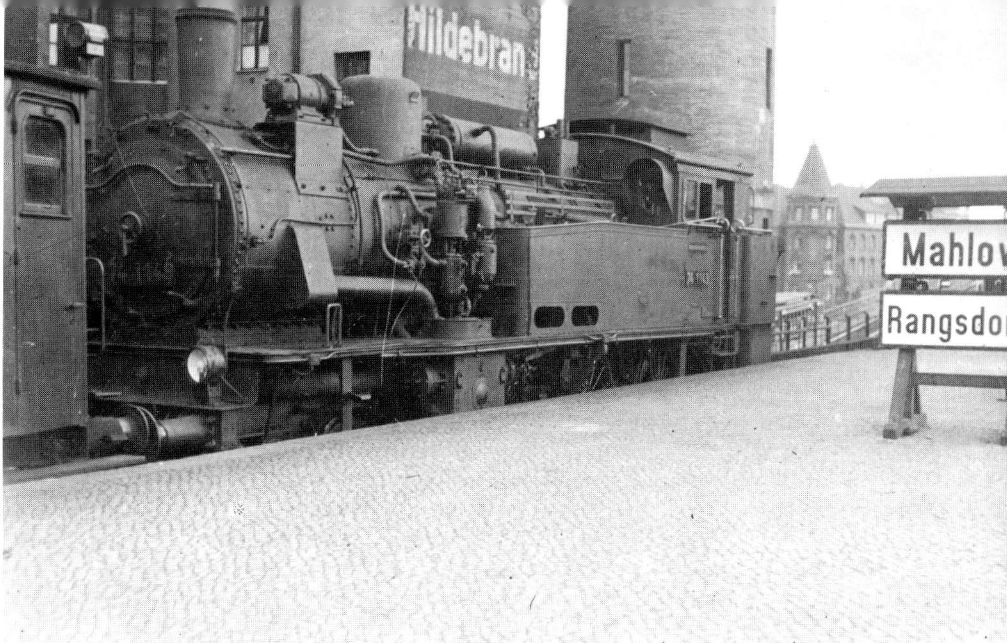

82

X. Süd-Expreß

a ab Hendaye

10 50	km	Ab **Paris** Quai d'Orsay	505	An	19 30
21 10	824	An Irun...........		Ab	a9 10
21 40	824	Ab Irun.............	699	An	7 34
5 13	1256	An Medina del Campo		Ab	0 23
5 28	1256	Ab Medina del Campo	699	An	0 8
9 15	1455	An **Madrid** Norte.....		Ab	20 30
5 30	1256	Ab Medina del Campo	683	An	23 58
18 38	1901	An **Lissabon** Rocio...		Ab	11 30

XI. Riviera-Neapel-Expreß

(Verkehrt ab Berlin u. Amsterdam nur Di, Do u. Sa vom 3. I.–25. IV. 31 — R ab Neapel u. Cannes nur Di, Do u. So vom 6. I.–28. IV. 31)

✕ (Amsterdamer Zeit)

12 53	km	Ab **Berlin** Anh. Bf	93.	...An	16 33
14 58	.	Ab Leipzig	193.	...An	14 25
16 29	.	Ab Erfurt	177	...An	12 50
19 56	.	Ab Frankfurt (M.)		...An	9 20
↓	.	An Darmstadt	245. 251	..Ab	8 55
20 59	.	An Mannheim		..Ab	↑
11 24	.	Ab ***Rotterdam***	568 (Amsterdamer Zeit)	An	16 38
11 24	.	Ab ***Haag***		An	16 39
12 10	.	Ab **Amsterdam**		An	16 8
12 46	.	Ab Utrecht		An	15 28
13 54	.	Ab Arnheim		An	14 34
14 3	.	Ab Zevenaar	139	...An	↑
15 56	.	Ab Duisburg		......An	
16 18	.	Ab Düsseldorf	127	......An	
↓	.	Ab Nymwegen ✕	16	...An	13 50
	.	Ab Cleve		...An	13 57
↓	.	Ab Krefeld		...An	13 8
16 55	.	An Köln Hbf		Ab	12 23
17 2	.	Ab Köln Hbf		An	12 15
18 18	.	Ab Koblenz	138.	An	↑
↓	.	Ab Niederlahnstein	173	An	10 56
19 43	.	Ab Wiesbaden		An	9 39
↓	.	An Darmstadt	245	......Ab	9 2
20 50	.	An Mannheim		......Ab	↑
↓	.	Ab Darmstadt	245	......An	8 51
21 12	.	Ab Mannheim		......An	↑
22 4	.	Ab Karlsruhe...	252	....An	7 20
22 29	.	Ab Baden-West		....An	6 55
0 37	.	An Basel Bad. Bf..		....Ab	4 50
1 5	.	An **Basel** S. B. Bf		....Ab	4 23
1 17	.	Ab **Basel** S. B. Bf	643	....An	4 12
2 38	.	An Luzern		....Ab	2 52
5 29	.	An Bellinzona ..		....Ab	0 3
6 6	.	An Lugano		....Ab	23 30
6 32	.	An Chiasso...	533	......Ab	23 2
7 40	.	An **Mailand**		......Ab	21 48
7 52	.	Ab **Mailand**	539	......An	21 20
10 33	.	An **Genua** ..		......Ab	18 51
10 50	.	Ab **Genua**	540	.An	18 40
14 40	.	An Ventimiglia		.Ab	14 40
15 35	.	An **Nizza**.. (W. E. Z.)		.Ab	12 22
16 35	.	An **Cannes** (W. E. Z.)		.Ab	11 35
10 55	.	Ab Genua .	539	........An	18 5
11 36	.	An Rapallo		........Ab	17 16
8 0	.	Ab **Mailand**	534	......An	21 20
10 41	.	An Bologna ..		......Ab	18 49
13 2	.	An Florenz ..		......Ab	16 25
17 25	.	An **Rom** Termini	552	Ab	11 50
20 15	.	An **Neapel** (Mergellina)		Ab	9 0

83

83 Fahrplantabelle für den Riviera-Neapel-Express aus dem Reichskursbuch vom Winter 1930/1931. Der „Winterkurs" führte nur Schlafwagen der 1. und 2. Klasse sowie Speisewagen. Von Berlin bis Basel waren 899 km, bis Genua 1422 km, bis Neapel 2140 km und bis Cannes 1639 km in den einzelnen Kurswagen zurückzulegen. Im Sommer verkehrte dieser Zug nicht. „Wir fahren vom Anhalter Bahnhof, dem bedeutendsten Berliner Fernbahnhof, ab. Täglich laufen hier über 100 Züge ein und aus. Die Zahl der ankommenden und abfahrenden Reisenden beträgt in 24 Stunden im normalen Verkehr 20000. Im Ferienverkehr, für den der Anhalter Bahnhof eine große Rolle spielt, steigt diese Zahl auf 40000, und während des Verkehrs zur Leipziger Messe gar auf 60000 Reisende täglich." (Beiderseits vom Schienenstrang, Berlin – München, 1930)

84 Besonderen Glanz brachte in den Jahren der Wirtschaftskrise ein Luxuszug der Internationalen Schlafwagen- und Speisewagen-Gesellschaft auf den Anhalter Bahnhof. Nur im Winterfahrplan und nur an drei Tagen der Woche lief der „Riviera-Neapel-Express" als Flügelzug zu einem aus Rotterdam und Amsterdam kommenden Luxuszug der ISG, die in Mannheim vereinigt wurden. Seine erste Abfahrt ab Berlin am 3. Januar 1931 wurde sogar von Reichsbahn-Generaldirektor Dorpmüller besucht. Im Bild die blauen Wagen mit der goldenen Schrift auf der Brücke über den Landwehrkanal. Rechts wieder das rötlich verputzte Brademann-Stellwerk im Stil der neuen Sachlichkeit, darüber die Hochbahnstrecke.

85 Seit fünfzig Jahren stand der Anhalter Bahnhof im Betrieb, als 1930 diese Jubiläums-Aufnahme angefertigt wurde. Der Fotograf hat auf dem Neubau des Europahauses an der Stresemannstraße seine Position gefunden. „Heute gehen am Anhalter Bahnhof rund 120 Fernzüge, davon 72 Eil- und Schnellzüge, ein und aus. Im Sommer 1929 wurden hier täglich 14000 ankommende und abfahrende Reisende gezählt", lautet der Originaltext von 1930. Damals konnte man am Anhalter Bahnhof in die Straßenbahnlinien 1, 2, 4, 14, 15, 115, 21, 23, 25, 55, 62 und 93 steigen oder die Autobuslinien 15, 25, 28 und 29 benutzen; nächste Untergrundbahnstation war am Potsdamer Platz.

84

85

86 Rund um den Anhalter (und den Potsdamer) Bahnhof siedelten sich etwa hundert Hotels, Pensionen, Hospize und Herbergen aller Art an. Der „Habsburger Hof" am Askanischen Platz Nr. 1 wurde noch übertroffen vom alten „Excelsior" an der 1933 umgetauften Saarlandstraße 78. Als besonderen Clou ließ sich der Eigentümer Curt Elschner durch den „größten Hoteltunnel der Welt" 1928 für 1,2 Millionen Mark einen direkten Weg vom Querbahnsteig des Anhalter Bahnhofs zum „größten Hotel des Kontinents" einrichten. Das Bild zeigt eine Werbekarte der damaligen Zeit. Damals haben „in der Nacht vom 22. auf 23. Februar 1936 nachweisbar laut polizeilicher Bestätigung 695 Gäste im Hotel Excelsior übernachtet", wie es auf einer Werbekarte hieß.

87 Nacht am Anhalter Bahnhof. Diese Studie des Fotografen Fritz Eschen zeigt die Dampflok 01 020, seit Mai 1928 beim Anhalter-Betriebswerk bis zum Zweiten Weltkrieg ungebrochen im Einsatz. Die Zeiger am Gleis 1 stehen auf 23.46 Uhr; jetzt war nur noch der „Lumpensammler" mit dem Postwagen nach Leipzig zu fahren, der in Berlin kurz nach Mitternacht abrollte.
„Bevor Sie Berlin verlassen, bestellen Sie, falls Sie abends vom Anhalter Bahnhof abfahren, vor der Abfahrt entweder bei Ihrem Reisebüro oder beim Schlafwagenschaffner Ihr Abendessen für 2,50 Mk. Der Karton enthält: 1 gebratenes Kotelett oder Schnitzel, 2 gekochte Eier, Käse, Obst, Butter und Weißbrot."
(Annonce aus der Mitropa-Zeitung vom April 1929)

Hotel Excelsior Berlin — Anh Bahnhof, Fahrstühle zum Hoteltunnel

86

87

88

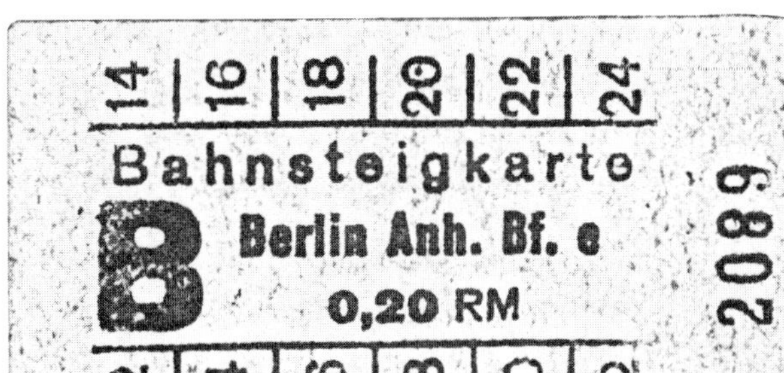

88 Bahnsteigkarte aus dem Automaten, gelöst 1928.

89

89 Vor der Abfahrt des Zuges D 40 vom Gleis 2, aufgenommen in den frühen dreißiger Jahren. Der Schnellzug verließ Berlin um die Mittagsstunde und erreichte rund zwei Stunden vor Mitternacht München. Mit Post- und Speisewagen umfaßte er acht bis zehn Waggons, die seine Zuglok 39 072 bis Halle zu schleppen hatte. Dort war die Krupp-Maschine, übrigens ein häufiger Gast im Anhalter Bahnhof, bei ihrer Lieferung Anfang 1925 auch stationiert worden, später aber nach Wittenberg gewechselt. Auf den Abstellgleisen westlich von Gleis 17 steht eine S 10^1 vor dem Hilfszug des Anhalter-Betriebswerks bereit.

90 Ein näherer Blick auf den Hilfszug am Anhalter Bahnhof, etwa 1935. Vor ihn waren meist ältere Reservemaschinen gespannt, die häufig auch in Bereitschaft für den Vorspanndienst standen, so diese schon recht abgefahrene S 10. Die Vierzylinderlokomotive 17 120 war übrigens mit Gegendruckbremse ausgestattet und hat so auch bei vielen Probefahrten des Lok-Versuchsamts Grunewald mitgewirkt. Auf dem Kessel sind Teile dieser Bremsausrüstung zu sehen.

91 Die Besatzung des Unfall-Hilfszuges auf den beiden Gleisen neben dem Postgleis 19 am Anhalter Bahnhof, hier bei einer kleinen Demonstration ihres Könnens im Jahre 1930. Hinter dem links sichtbaren Prellbock endet die Aufschüttung des Geländes unter den Gleisen. Dringliche Hilfszüge, auch solche mit Arztwagen, mußten spätestens 15 Minuten nach Eintreffen der Unfallmeldung abfahren können. Meistens wurden dafür ältere Packwagen mit Winden, Aufgleisgeräten, Schneidbrennern, Leuchten und Verbandsmaterial ausgestattet.

90

91

92 Die Vorspannlokomotive 171133, eine S10[1] der Bauart 1914 vom Anhalter-Betriebswerk, steht vor dem Bahnsteig und vor dem Ausfahrsignal, denn so lang ist der Zug, den die Planlok der Reihe 01 zu schleppen hat: es könnte der schwere Mittagsschnellzug D 24 nach München über Hof und Regensburg sein. Hell bestreut ist der Schotter mit dem Sand, der hier als Anfahrhilfe gebraucht wurde. „Bei Reisezügen muß Vorspann gestellt werden, wenn der Lokomotivführer erklärt, den Zug nicht planmäßig befördern zu können. Hiervon kann jedoch abgesehen werden, wenn dadurch eine größere Verspätung verursacht würde", heißt es in § 57 (6) der Fahrdienstvorschrift. Welche Maschinen der Gattung S10[1] am Anhalter Bahnhof damals zuhause waren? 1931 hießen die acht Lokomotiven 171133, 1134, 1141 und 1143 und 1175 bis 1177. Zwischen 1935 und 1939 waren es noch sieben Loks: 171126, 1133, 1141 bis 1143, 1176 und 1177 (nach Maedel: S10[1], Stuttgart 1972).

93 Das Bereitstellen der Züge am Bahnsteig und das Abziehen der eingefahrenen Züge zum Abstellbahnhof besorgte am Anhalter Bahnhof über lange Jahre die Gattung T11, die frühere Stadtbahnlok in Naßdampfausführung. Ein knappes Dutzend davon besaß das Betriebswerk, zumeist im Schuppen 3 untergebracht, bis der Bestand nach Zuteilung von sechs kleinen Einheitsloks der Reihe 89 im Jahre 1935 abschmolz. Eine T11 zieht hier den Schnellzug über die Kanalbrücke am Stellwerk vorbei, darüber hinweg fährt die Hochbahn zur Station Möckernbrücke im Hintergrund. Etwa 1932 aufgenommen.

94 Wo die Lokomotiven zuhause waren: der berühmte Blick vom Wasserturm auf die Drehscheibe mit abgestellten Wagen für Müll und Schlacke, auf den Schuppen 1a mit ruhenden P10 und S10[1], auf den Werkstattbau links, den einfahrenden Schnellzug mit seiner 01 rechts und auf die Güterschuppen vor der Möckerstraße im Hintergrund. Riesige Mengen Kohle sind hier aufgetürmt, doch hat die Reichsbahn nur zwei Kräne „für kleine und mittlere Werke" spendiert, die viel Handarbeit erforderten. Die Kohlenberge lassen erkennen, welche Leistungen die Maschinen und ihre Heizer zu erbringen hatten. Zwei Tonnen Kohle pro Stunde waren im Schnellzugdienst oftmals zu schaufeln. Zwei Schuppengleise sind zum Ersatzteillager umgebaut worden. Das Bild dürfte um 1932 aufgenommen worden sein.

92

93

94

96

95 Eine Rarität ist dagegen diese Aufnahme vom Kohlenkran am Lokschuppen 1 mit zwei schweren 01-Lokomotiven, die ebenfalls um 1932 entstanden sein dürfte. Vor der Werkstatt ist ein elektrischer Schaltraum aufgebaut, hinter dessen Masten der Wasserturm zu sehen ist. Rechts hinter dem Schuppen die Maschinenverwaltung im Beamtenhaus.

96 Lokomotivputz im Betriebswerk Anhalter Bahnhof, links die von Borsig im April 1924 fabrikneu nach hier gelieferte Maschine 39101. Erst in der zweiten Kriegshälfte wurde sie nach Stettin abgegeben. Leider verdecken die fotogen angetretenen Schuppenleute die Nummer der rechts aufgefahrenen P8-Lokomotive, doch gehörten damals die 383222 und 3223 (neben 382107 und 2719) zum Bestand. Die frische Untersuchungsanschrift vom 25. Juli 1930 spricht dafür, daß die Aufnahme bald darauf gestellt worden ist.

97

98

99

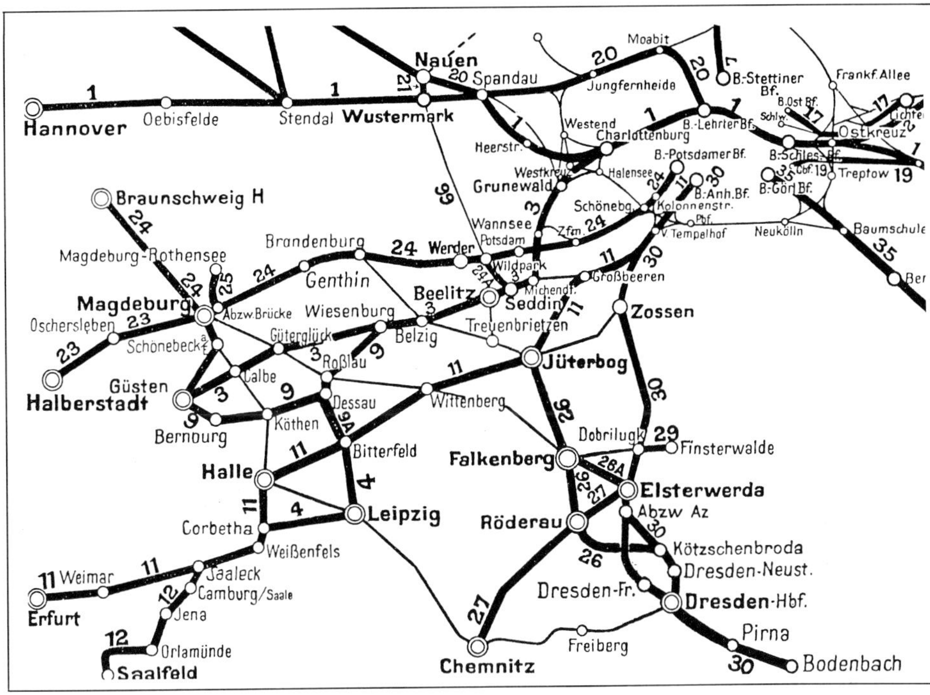

97 Lokomotiv-Durchläufe von und bis Erfurt vor den Zügen nach Frankfurt am Main über 270 km Entfernung wurden bald der Baureihe 01 anvertraut. Die Maschine 01 082, hier auf der neuen 23-Meter-Scheibe am Schuppen 1 a, rollt zum Wasserkran und zur Ausschlackgrube. Sie war 1930 von der Firma Schwartzkopff gebaut und im Betriebswerk Erfurt P stationiert worden. Rechts im Schuppen stehen die „Anhalter" Loks 39 102 und 39 197 sowie eine P8, links neben der Schlackengrube sind Wartegleise für wendende Lokomotiven fremder Betriebswerke. Ebenfalls um 1932. Ab 1935 konnte man neben der 01 aus dem eigenen Stall und aus Erfurt auch Nürnberger Maschinen dieser Reihe am Anhalter Bahnhof beobachten, die planmäßig durchliefen.

98 Fünf Dampflokomotiven im Schuppen 1 des Anhalter-Betriebswerks, mit Tannengrün und Eichenlaub bekränzt: an den Hakenkreuzfahnen läßt sich ablesen, daß das Jahr 1933 angebrochen ist. Der Schmuck war vermutlich zum 1. Mai angebracht. Inmitten der Personenzugloks 38 3258, 3512, 1498 und 3336 ist die Schnellzugmaschine 17 1094 abgestellt. Ein Blick auf die Loklaternen zeigt, daß die Umstellung auf elektrische Beleuchtung bereits weit fortgeschritten ist.

99 Welche Ziele die Lokomotiven und Lokpersonale des Betriebswerks Anhalter Bahnhof ansteuerten, läßt sich sehr schön aus dieser „Übersichtskarte zur La" vom Mai 1935 entnehmen. „La" ist in der Eisenbahnersprache die „Übersicht der vorübergehend eingerichteten Langsamfahrstellen und sonstigen Besonderheiten" im Betrieb, und die eingedruckten Nummern bedeuten die einzelnen Strecken. Demnach fuhren die „Anhalter" bis Erfurt, Saalfeld, Chemnitz und Bodenbach; 1936 auch bis Nürnberg. Zugleich sind die von Maschinen des Potsdamer Bahnhofs gefahrenen Strecken zu erkennen. Die Züge selbst liefen nach einem Lokwechsel selbstverständlich weiter; das dauerte oft nur sechs Minuten. Nicht im Plan: „Eine Zeitlang fuhren Berliner 01 mit Berliner Personal den ‚Riviera-' bzw. ‚Italien-Expreß' von Leipzig bis Frankfurt/Main"
(Albert Mühl, LOK-MAGAZIN 6)

100

101

102

100 Nochmals ein Blick in den Lokomotivschuppen 1 a, und zwar einige Jahre später als in den bisher gezeigten Aufnahmen. Wir sehen die Stellplätze 8 bis 16, dahinter den Beamtenbau von Süden. Links steckt ein 01-Tender hervor, rechts qualmen die 39 112 und die 38 2469, angeschnitten ist 38 2476 erkennbar. In den Sommermonaten stellte man die Maschinen gern so ab, daß ihre Schlote sich außerhalb der Halle befanden. Auffallend auch die nun hell markierten Flügel der Tore. Foto um 1935.

101 Jeden Kenner versetzt diese Aufnahme von 1935 in Entzücken: ein Blick vom Dach des Schuppens 1 a über die Drehscheibe mit der langjährigen Berliner Lokomotive 39 112, dahinter der Anhalter Güterbahnhof mit dem Schwechten-Kopfbau. Der „Meister" sieht nach der Markierung am Geländer, um seine Maschine richtig aufzustellen. In Bildmitte eine neue Wärterbude und der soeben aufgebaute Besandungsturm, hinter den Kohlenbergen dampft eine sächsische XVIII H (Reichsbahnreihe 18^0) ins Depot. Hinter den Schlackewagen ist eine Rangierlok T3 des Anhalter-Betriebswerks verborgen. Es dürfte die Maschine 89 7427 als letzte ihres Stammes gewesen sein, nachdem die lange hier beheimatete 89 7404 im Jahre 1933 ausgemustert worden war. In einem Schnellzug-Betriebswerk wie diesem dienten die kleinen Tenderloks der Gattung T3 nur zu Hilfsaufgaben. Bilder aus der Zeit vor 1920 zeigen sie beim Bereitstellen der Züge im Fernbahnhof.

102 Es ist kein Zufall, daß der „Culemeyer-Straßenroller" zum Transport von Eisenbahnwagen zu Betrieben ohne Gleisanschluß zuerst auf dem Anhalter Güterbahnhof erprobt wurde, denn sein Erfinder Hans Culemeyer hatte das Dezernat für Güterwagen besonderer Bauart im nahegelegenen Eisenbahn-Zentralamt am Halleschen Ufer. Seiner Arbeit verdanken wir diesen Blick über die Freiladestraße vom März 1933, als der erste Straßenroller an das neu geschaffene Ladegleis heranfuhr. Rechts die beiden Bauten von Schwechten, links die Häuser der Trebbiner Straße mit dem Bau der Kühlhallen-Gesellschaft. Undeutlich sind dort auch der Schuppen 1 und drei wartende Lokomotiven auf dem „Bockgleis" für Vorspannloks zu erkennen.

103

103 Der Güterverkehr am Anhalter Bahnhof wird leicht übersehen, obwohl er bis zum heutigen Tag besteht. Vorüber sind freilich die Tage, als hier täglich 400 Waggons mit Stückgut ankamen: Möbel und Maschinen, Fässer mit Wein und Bier, Ballons mit Chemikalien und Kisten mit Ersatzteilen, Milchkannen und Butterbottiche, Schlachtvieh und Kaffeesäcke, Geschirr und Glas, Umzugsgut und Blumentöpfe en gros wurden hier umgeschlagen, dazu an besonderen Plätzen auch Bauholz und Kohle. Die beiden Umladeschuppen dienten den kleineren, nässeempfindlichen Waren. Zur Werbung für den bahnamtlichen Rollfuhrdienst brachte die Reichsbahndirektion Berlin im April 1934 diese Karte mit dem Kopfbau des Güterbahnhofs am Tempelhofer Ufer heraus. Berlin schickte von hier Schreibmaschinen und Elektrogeräte, Arznei und Bücher, Anzüge und Instrumente in die Welt, gut verpackt in Kisten und Holzwolle.

104 Der Wasserturm und die beiden Kamine verraten es sogleich: „Milch und Butter für die Großstadt" sind am Anhalter Güterbahnhof aus dem Waggon auf die Milchrampe geladen worden, um dort das Pferdefuhrwerk der Firma Bolle zu erwarten. Ein Dach soll vor Regen und Sonne schützen. Aufgenommen 1935.

105 Blick aus dem Stellwerk am Landwehrkanal nach Süden auf das Bahnbetriebswerk im Mai 1938. Links eine Lok der Reihe 03 auf dem Weg zum Schuppen.

104

105

106

107

106 Zwei Lokomotiven streben dem Anhalter Bahnhof in diesem 1936 entstandenen Bild zu: einmal die Maschine des einfahrenden Zuges, aus dem der Fotograf seinen gelungenen Schnappschuß gemacht hat, und außerdem die Rangierlok 74285, die neuen Aufgaben in der Zugbildung zustrebt. Die kleine T11 hat zur leichteren Unterscheidung von ihren Schwestern über der Rauchkammer die Dienstplanziffer „1" aufgesteckt. Auf der Brücke ein Hochbahnzug.

107 Abermals eine frühere Stadtbahnlok der Gattung T11, die Maschine 74284 vom Anhalter-Betriebswerk im Mai 1935. Sie war an jenem Nachmittag die Rangierlok Nr. 4 des Fernbahnhofs; die Mannschaft wartete auf die Einfahrt des nächsten Reisezuges, um ihn nach dem Abstellbahnhof zu bringen.

108 Hakenkreuze auf Lokomotiven konnte man jetzt häufiger sehen. Die Schrift auf dem Tender der Lokomotive 38 2469 lautet streng: „Deine Ehre: Treue dem Führer." Damit sollte für die wenige Tage bevorstehende Abstimmung vom 19. August 1934 geworben werden, in der es nach Hindenburgs Tod um die Bestätigung Hitlers als Staatsoberhaupt ging. Die Maschine aus Falkenberg soll einen späten Vormittags-Personenzug nach Halle bringen; ein Hitlerjunge steht davor und staunt. Das Betriebswerk Anhalter Bahnhof hatte in den dreißiger Jahren nur noch drei P8-Maschinen im Bestand, doch wendeten hier viele Lokomotiven dieses Typs aus fremden Werken.

108

109

109 Ein besonderer Fortschritt gelang der Deutschen Reichsbahn in den Jahren 1935 und 1936 durch die Einführung neuer Schnelltriebwagen-Tagesverbindungen von Berlin nach Frankfurt am Main, Stuttgart und München. Diese südlichen Verbindungen berührten den Anhalter Bahnhof, und die Dieseltriebwagen von und nach Stuttgart und München liefen zwischen Nürnberg und Berlin vereinigt. Am frühen Morgen fuhr man in die Reichshauptstadt, am späten Nachmittag dann wieder nach Hause. Das Bild zeigt die beiden Züge nach der Ankunft von einer Pressefahrt am 5. Mai 1936; der planmäßige Betrieb begann erst am 15. Mai jenes Jahres. Für die Stromlinienfahrzeuge wurde ein neues Triebwagenhaus vor dem alten „Schuppen 2" an der Monumentenstraße neben der ersten Salonwagenhalle für die Sonderzüge der Reichsregierung gebaut. Im Januar 1937 waren im Triebwagenschuppen des Anhalter-Betriebswerks die Wagen SVT 137 224 bis 227 und 230 bis 232 (Typ „Hamburg") beheimatet, bald darauf auch SVT 137 229. Ab 1938 wurden einige davon durch den dreiteiligen Typ „Köln" abgelöst.

110 Wenn der Berlin-Besucher des Jahres 1936 aus dem Anhalter Bahnhof auf den Askanischen Platz trat, erwartete ihn dieses Bild: rechts ein Zeitungskiosk mit der gleichgeschalteten Presse von der „Filmwoche“ bis zum „Deutschen Radfahrer“, links die Bushaltestelle der Linie 10 mit der Mitteilung, daß ein Bus von hier zum Bahnhof Friedrichstraße 15 Pfennig, zum Stettiner Bahnhof 25 Pfennig kosten sollte. Noch immer war die Durchquerung Berlins von Süd nach Nord mit der Eisenbahn nicht möglich. Im Bildhintergrund übrigens das „Europahaus“ der Architekten Bielenberg und Moser von 1926, das bis 1938 von Otto Firlé zu einem wuchtigen Gegenstück des Anhalters umgestaltet wurde. Mit seiner Reklame für „Allianz“ erscheint das Gebäude auf vielen Bahnhofsbildern.

110

KEMPINSKI HAUS VATERLAND
HOTEL FÜRSTENHOF
LICHTSPIELE
KAFFEE
Ihre Reifen: DEKA Reifen

112

111 In diesen Trubel mußte sich der ankommende Reisende am Anhalter und am Potsdamer Bahnhof in Berlin stürzen, sobald er den Zug verlassen hatte. Vorn der Potsdamer Platz mit dem Hotel Fürstenhof links, wo auch der Leipziger Platz anschloß. In der Bildmitte die damals „Saarlandstraße" genannte Stresemannstraße, an welcher rechts ein weiterer Bau Franz Schwechtens zu erkennen ist, nämlich das 1911 errichtete „Haus Vaterland" der Kempinski-Betriebe. Zehn Lokale unter seinem Dach unterhielten jeden Geschmack. Hinten links das „Europahaus" in seiner ursprünglichen Fassung, als die Fensterbänder noch deutlich betont waren; Aufnahme aus den frühen dreißiger Jahren. Auch Erich Kästners Romanheld „Fabian" von 1928 drückte sich hier herum; der Schriftsteller Kurt Kluge ließ seinen altmodischen „Herrn Kortüm" nebst Diener Stannebein 1938 am Anhalter Bahnhof ankommen und im „Excelsior" nächtigen.

112 Der Zugführer übergibt die „Schularbeiten" dem Lokpersonal. Aus seinem Zettel sind die Wagengewichte und die Bremswirkung zu ersehen, worauf der Lokführer die Fahrweise abzustimmen hat. Die Lokomotive 03 078, nach ihrer Ablieferung von Henschel im September 1932 dem Betriebswerk Leipzig West zugeteilt, trug zum Zeitpunkt der Aufnahme im Anhalter Bahnhof schon das 1938 angeschraubte neue Heimatschild von Halle. Sie hat einen kurzen Morgenzug wie den FD 80 am Haken.

113

114

115

113, 114, 115 Dreimal die „Verproviantierung" am Anhalter Bahnhof: Bier und Stangeneis für den Speisewagen, Tabakwaren für den Fahrgast am Gleis 1, wo auch ein Gepäckträger seinen Dienst macht, und Gedränge am Restaurationswagen auf dem Bahnsteig. Trotz der Bahnhofswirtschaft und der sechzehn Mitropa-Speisewagen, die 1934 täglich den Anhalter Bahnhof verließen, bestand bei den Reisenden schon vor der Abfahrt immer ein Bedarf an Getränken, an Würstchen und Obst. Eine solche Szene rund um den Senfkübel zeigt das in der Halle des „Anhalters" entstandene Bild.

116 Nun wird über Abriß am Anhalter Bahnhof berichtet. Für den Bau der Nordsüd-S-Bahn zwischen dem Stettiner Bahnhof einerseits sowie Potsdamer und Anhalter Bahnhof andererseits mußte an der Westseite des Fernbahnhofs eine tiefe Baugrube ausgehoben werden, und auch das Fürstenportal wurde abgetragen, später aber wiederhergestellt. Im Bild die Baugrube am 4. April 1936, dahinter das „Europahaus".

„Bei dem Bau des S-Bahnhofs Anhalter Bahnhof wurde eine Anzahl von Häusern, die in den Bereich des Bahnhofs fielen, abgetragen, weil die Kosten der Unterfahrung in keinem Verhältnis zu dem Wert der alten Gebäude gestanden hätten. U. a. fiel das in Verlängerung der Front des Empfangsgebäudes des Fernbahnhofs errichtete reichsbahneigene Dienst- und Wohngebäude der Spitzhacke zum Opfer, wodurch der Blick auf die westliche Langseite des von Schwechten in den Jahre 1875 bis 1880 erbauten unter Denkmalschutz stehenden Bahnhofsgebäudes wieder freigelegt wurde. Die seitlichen Anbauten der Haupthalle, die vom S-Bahntunnel unterfahren werden, wurden teils vorübergehend abgefangen, zum Teil abgetragen. Nach Fertigstellung des Tunnels sind sie auf diesem abgesetzt bzw. wieder aufgebaut worden."
(Oberreichsbahnrat W. Binder, „Verkehrstechnik", Heft 9/1940)

116

117

118

117 Ein besondere Glanzpunkt, wenn auch nur in den drei Jahren zwischen Mai 1936 und August 1939, war der Henschel-Wegmann-Zug für den Anhalter Bahnhof. Er war als Konkurrenzmodell der Dampftraktion gegenüber den Schnelltriebwagen gedacht und fuhr zweimal täglich in den Zugpaaren D53/54 und D57/58 zwischen Elbe und Spree hin und zurück; Platzreservierung war vorgeschrieben. Hinter der Stromlinienlok 61 001 lief ein vierteiliger Zug besonders komfortabler Konstruktion. Die Maschine war eigentlich für 175 km/h Höchstgeschwindigkeit entwickelt worden, litt aber häufig unter Dampfmangel und zu knappen Vorräten. So war sie auf der nur für 135 km/h zugelassenen Strekke nach Dresden, die in 95 bis 100 Minuten durchmessen wurde, gut aufgehoben. Die Strecke vom „Anhalter" über Bitterfeld und Halle/Leipzig nach Weißenfels war dagegen 1937 schon für 160 km/h Geschwindigkeit hergerichtet. Im Bild eine Abfahrt des Zuges D54 im Sommer 1936 um 15.10 Uhr von Berlin. Die Planzeiten änderten sich ab Herbst 1936.

118 Die Ablösung der überalterten Gattung T11 im Rangierdienst und auch den Ersatz der kleinen T3 sollte die Einheitslokreihe 89 schaffen, von der 1935 die ersten sechs Einheiten in Dienst gestellt wurden. Zur Prüfung der Frage, ob der Überhitzer auch beim Rangieren sein Geld wert war, wurden jeweils drei Maschinen als Naßdampf- und als Heißdampfloks gebaut, und die ganze Gruppe unter den Augen ihrer Schöpfer vom Eisenbahn-Zentralamt im Vergleichsbetrieb gefahren. Fotografie der Maschine 89006 um das Jahr 1937 vor einem Postwagen. Auch die „Zweikraftlok" V 16004 mit Diesel und Akku wurde 1935 hier ausprobiert.

119 Die folgenden Aufnahmen sind 1935/1936 an verschiedenen Tagen entstanden, doch läßt sich aus ihnen fast ein „Besuch auf dem Anhalter Bahnhof" zusammenstellen, der nur die Bahnsteigkarte kostete: Am Gleis 6 steht abfahrbereit der Schnellzug D62, der den Bahnhof um 10.00 Uhr nach Wien über Dresden und Prag verlassen soll. Die Maschine 01116 des Anhalter-Betriebswerks, von Krupp Ende 1934 nach Berlin geliefert, bleibt bis zur Grenze in Bodenbach (241,8 km) vorgespannt; Ankunft dort 13.28 Uhr. Der Wiener Franz-Josefs-Bahnhof ist abends um 22.20 Uhr erreicht.

119

120

121

122

120 Im vorangegangenen Bild war links neben dem D 62 ein italienischer Wagen schwach zu erkennen. Er fuhr im prominentesten Zug des Anhalter Bahnhofs mit, dem hier gezeigten Fernschnellzug FD80 nach München über Halle und Nürnberg mit Kurswagen nach Rom. Abfahrt (Sommer 1935) in Berlin um 10.50 Uhr, Ankunft in München um 18.28 Uhr. Italiens Hauptstadt war am nächsten Tag um 11.07 Uhr erreicht. Der Zug führte nur die 1. und 2. Wagenklasse; die Fahrt bis Rom kostete 1938 stolze 141,– Mark bzw. 97,50 Mark. Wer nur dritter Güte reisen wollte (62,90 Mark), mußte sich bereits um 8.08 Uhr mit dem D22 auf den Weg machen. Zuglok auf dem Anhalter Bahnhof ist die am 9. Juni 1935 von Borsig gelieferte 03 178, die bis 1940 in Halle P stationiert war. Vor dem leichten Zug aus fünf bis sechs Wagen lief die Reihe 03 ab 1936 sogar bis Nürnberg durch. Obwohl so häufig Schnellzugloks der Reihe 03 im Anhalter Bahnhof zu sehen waren, taucht diese Type im Bestand des Betriebswerks nicht auf. Nur für zwei Wochen im Mai 1933 war die Maschine 03095 hier stationiert, ging dann nach Karlshorst ab.

121 Zwei P10-Maschinen stehen in diesem Bild abfahrbereit nebeneinander. Die Lokomotive 39012 in Gleis 1 gehörte zum Bahnbetriebswerk Halle P und hat wohl den Schnellzug D8 nach Kassel über Halle und Erfurt hinter dem Tender. Noch rund zehn Minuten müssen bis zur Abfahrt um 17.15 Uhr vergehen. Da die Maschine am 29. Juli 1935, wie auf der Pufferbohle vermerkt, untersucht worden ist und schon 1936 nach Stuttgart umstationiert wurde, läßt sich der Aufnahmezeitraum näher eingrenzen. Rechts im Hintergrund legt man ältere Häuser nieder, um die neue „Großbriefabfertigung“ an der Möckernstraße zu errichten.

122 Hinter der Maschine 39012 lugte auf dem vorangegangenen Bild die P10-Lokomotive 39072 hervor. Nach der Kreideschrift auf dem Puffer zu urteilen, hat sie den bekannten Langstrecken-Personenzug 040 nach München zu befördern, der den Anhalter Bahnhof im Sommer 1935 um 17.19 Uhr verließ. Früh um 7.54 Uhr war er jetzt in der Stadt an der Isar. Solche Durchläufe dienten auch dem Post-, Gepäck und Expreßgutverkehr. Die Maschine auf dem Gleis 2 war übrigens in Wittenberg beheimatet. Neben dem runden Dutzend eigener P10-Maschinen konnte man am Anhalter Bahnhof auch „fremde“ Loks dieser Gattung aus einer Handvoll anderer Werke sehen: Chemnitz, Dresden, Erfurt, Halle, Leipzig und Wittenberg waren ihre Heimatstationen.

123

123 Noch eine dritte Nachmittags-Aufnahme vom Anhalter Bahnhof um 1935/1936 liegt vor uns. Es wird Vorspann gefahren, allerdings wohl nur zur Überführung der Maschine 38 2382 vom Betriebswerk Jüterbog. Auf dem Puffer ist die Zahl 292 durchgestrichen, das wäre ein Personenzug nach Falkenberg um 20.15 Uhr gewesen, und durch die Aufschrift „Vsp. 818" ersetzt. Der Personenzug 818 nach Halle verließ das Gleis 4 im Sommer 1935 um 17.37 Uhr und bediente jeden Landbahnhof. Zuglokomotive ist eine weitere preußische P 8.

124 (rechte Seite) Als die zuletzt betrachteten Aufnahmen entstanden, wurde auch dieser Plan einer „Neugestaltung der Reichshauptstadt" nach den Ideen Hitlers und Speers gezeichnet. Monumentale Bauten sollten sich an einer neuen Nord-Süd-Achse erheben, die weite Flächen der südlichen Berliner Eisenbahnlandschaft bedeckt hätte. Anhalter und Potsdamer Bahnhof mußten deshalb „bis 1950", wie es damals hieß, aufgegeben und durch einen riesigen Südbahnhof nahe des bisherigen Bahnhofs Papestraße ersetzt werden. Die Zeichnung aus dem „Völkischen Beobachter" vom 28. Januar 1938 zeigt folgende Bauten: 1. Nordbahnhof, 2. Große Halle, 3. Verlängerung der Ost-West-Achse, 4. Regierungsviertel Wilhelmstraße, 5. Anhalter und Potsdamer Bahnhof, 6. Flughafen, 7. Südbahnhof. Schraffiert ist freiwerdendes Reichsbahngelände, übrigens auch am Lehrter Bahnhof. Das Bauwerk Schwechtens am Askanischen Platz sollte aber erhalten bleiben und auf Hitlers Wunsch zu einem Schwimmbad werden.

Zu den Seiten 110 und 111:
125a Eine Abfahrtstafel des Anhalter Bahnhofs aus dem „Kleinen amtlichen Taschenfahrplan" der Reichsbahndirektion Berlin für den Winter 1937/1938, gültig vom 3. Oktober 1937 bis zum 14. Mai 1938. Aufgenommen sind die Züge und ihre Ziele, die mitgeführten besonderen Wagen, die Abfahrtszeiten und die einzelnen Bahnsteiggleise. Im Vergleich zu früheren Jahren hat die Einführung der Schnelltriebwagen (FDt) und des Henschel-Wegmann-Zuges (D 54, 58) einige Veränderungen mit sich gebracht.

125b Die zweite Hälfte der Abfahrtstafel vom 3. Oktober 1937 mit den Nachmittags- und Abendzügen des Anhalter Bahnhofs. Hier sind die „Fernschnelltriebwagen" FDt 552 und 572 abgedruckt, mit denen der Geschäftsmann nach einem Kurzbesuch Berlins wieder heimfahren konnte nach Nürnberg, München, Stuttgart, Frankfurt am Main und Karlsruhe. Spötter nannten diese Züge „Der treue Ehemann".

1
2
3
4
5
6
7

Abfahrt. Anhalter Bahnhof

Zug Nr.		Zeit	In Richtung	Gleis
904	📯	5.24	Jüterbog 6.49 - Wittenberg 7.33 - Bitterfeld 8.30 - **Halle** (S) 9.10.	1
312	📯	6.09	Elsterwerda 8.53 - **Dresden** 10.19.	17
E 120	📯*	6.28	Wittenberg 7.39 - Bitterfeld 8.09 - **Leipzig** 8.40.	6
502	—	6.52	Luckenwalde 7.58 - Jüterbog 8.16.	8
D 46	📯 🍴	: 7.40	Bitterfeld 9.14 - **Leipzig** 9.43 - **Erfurt** 11.40 - **Frankfurt** (M) 15.39. **KW** nach **Saarbrücken** 20.00.	1
D 148	📯 🍴 🛏	: 7.47	**Dresden** 10.28 - Bodenbach 11.27 - **Prag** Mas. Bf 13.43 - Preßburg 19.41 - **Budapest Ost** 23.32. **KW** nach **Chemnitz** 11.09, **Wien** Ost 20.25 und nach **Belgrad** 7.00. 🛏 nach **Athen** (ab Berlin So, Mi, Fr; an Athen Di, Fr, So).	2
D 22	🍴	: 8.06	**Leipzig** 9.58 - Hof 12.55 - **Regensburg** 15.57 - **München** 17.50. **KW** über Bayreuth 14.29 nach **Lindau** 20.57 und nach **Rom** (3. Kl.) 11.25.	4
D 140	🍴	} : 8.26	**Halle** (S) 10.15 - **Nürnberg** 15.15 - **München** 18.04. **Vom 21. bis 24. XII., vom 27. XII. 37 bis 5. I. 38 und vom 12. bis 21. IV. 38.**	2
862	—	8.40	Wittenberg 11.03 - Bitterfeld 12.25 - **Halle** (S) 13.09.	17
318	—	9.09	Elsterwerda 11.34 - **Dresden** 12.54.	17
FD 6 1. 2. Kl.	📯 🍴	: 9.20	**Leipzig** 10.58 - **Erfurt** 12.28 - **Frankfurt** (M) 15.46. **Nur 1. 2. Klasse. KW** nach **Basel** S. B. B. 21.20 u. **Mailand** 5.55 - **Ventimiglia** 13.35.	1
D 10	🍴	: 9.25	**Leipzig** 11.08 - Erfurt 12.42 - **Würzburg** 15.59 - **Stuttgart** 18.48 - **Schaffhausen** 22.42. **KW** nach **Konstanz** 22.40. **KW** nach **Mailand** 5.55 - **Genua** 9.09 - **Ventimiglia** 13.35.	4
D 12	📯* 🍴	: 9.38	**Halle** (S) 11.26 - **Erfurt** 13.06 - **Würzburg** 16.58 - **Stuttgart** 20.27. **KW** nach **Saarbrücken** 23.03, nach **Bad Kissingen** 16.21 (bis 15. X. 37 und vom 15. bis 30. IV. 38)	2
D 62	🍴	: 9.58	Jüterbog 10.42 - **Dresden** 12.20 - Bodenbach 13.27 - **Prag** Mas. Bf 15.53 - **Wien** Fr. Jos. Bf 22.20. **KW** nach **Preßburg** 22.20.	4
FD 80 1. 2. Kl.	🍴	: 10.21	**Halle** (S) 11.57 - **Nürnberg** 16.15 - Augsburg 17.45 - **München** 18.28. **KW** nach **Rom** 11.25.	2
D 42	W📯 🍴	: 10.26	**Halle** (S) 12.13 - **Erfurt** 14.08 - Fulda 16.32 - **Frankfurt** (M) 18.02 - **Karlsruhe** 20.44 - **Basel** S. B. B. 24.00. **KW** nach **Saarbrücken** 21.40 u. Stuttgart 22.06 - **Ulm** 23.45.	1
D 186	🍴	} : 10.34	**Leipzig** 12.24 - **Plauen** 14.34 - Bad Elster 15.20 - Radiumbad Brambach 15.42 - **Eger** 16.47 - **Marienbad** 17.30. **KW** nach Radiumbad **Oberschlema** 14.33 (ab 2. V. 38) **Ab 1. V. 38.**	4
508	—	10.40	**Jüterbog** 11.56.	6
D 40	📯 🍴	: 11.52	**Halle** (S) 13.42 - **Nürnberg** 19.02 - **München** 21.50.	2
D 240	🍴	} : 11.58	**Halle** (S) 13.49 - **Nürnberg** 19.14 - **München** 21.56. **Vom 21. bis 24. XII., vom 27. XII. 37 bis 5. I. 38 und vom 12. bis 21. IV. 38.**	4
D 4	🍴	: 12.50	**Leipzig** 14.36 - **Erfurt** 16.14 - **Frankfurt** (M) 19.41. **KW** über Saarbrücken 23.57 nach **Paris** 7.00.	1
286	—	12.55	Jüterbog 14.15 - Röderau 15.52 - **Dresden** 17.09.	6
D 54	W📯 🍴	: 13.09	**Dresden** 14.55. Platzzahl und Gepäckbeförderung beschränkt. Benutzung nur mit Platzkarte.	8
D 24	W📯 🍴	: 13.40	**Leipzig** 15.30 - **Hof** 18.35 - Regensburg 21.20 - **München** 23.15. **KW** über Innsbruck 2.45 nach **Rom** 15.20 (3. Kl. 17.50).	1
D 64	🍴	: 13.44	**Dresden** 16.06 - Bodenbach 17.24 - **Prag** Mas. Bf 19.52 - **Budapest Ost** 7.57. **KW** n. **Chemnitz** 16.56 (außer vS) und ab 15. IV. 38 n. **Karlsbad** 20.51.	2
D 76	🍸	vS : 13.48	**Dobrilugk-K.** 15.05 - Elsterwerda 15.21 - **Chemnitz** 16.56. **Nur vS.**	4
816	W📯	13.55	Jüterbog 15.14 - Wittenberg 16.09 - Bitterfeld 16.56 - **Halle** 17.57.	6
314	—	14.09	Elsterwerda 16.33 - **Dresden** 17.50.	17
L 20 1. 2. Kl.	🍴 🛏	} : 14.20	**Leipzig** 16.03 - Erfurt 17.34 - **Frankfurt** (M) 20.39 - Karlsruhe 22.26 - **Basel** SBB 1.00 - **Mailand** 6.48 - **Cannes** 13.31. **Riviera-Expreß** (**FD**-Zug mit bes. Zuschlag); **Nur Sa vom 29./30. I. bis 23./24. IV. 38** 🛏 nach **Cannes** 13.21 und **Rom** 15.20.	1
D 1144	🍸	} : 14.20	**Halle** (S) 16.01 - **Erfurt** 17.35 - **Eisenach** 18.31 - **Frankfurt** (M) 21.38 - **Mannheim** 23.03 - **Karlsruhe** 23.56. **Vom 21. bis 24. XII. 37, am 3. und 4. I., vom 12. bis 15. und vom 18. bis 21. IV. 38**	2
Vz 850	—	vS 14.30	Wittenberg 15.47 - Bitterfeld 16.20 - **Leipzig** 16.54. **Nur vS.**	8
850	—	14.36	Wittenberg 15.54 - Bitterfeld 16.28 - **Leipzig** 17.01.	6
800	W📯	15.05	Jüterbog 16.45 - **Wittenberg** 17.22.	17
320	—	vS } 15.09	Elsterwerda 17.11 - **Dresden** 18.14. **Nur vS**	4

📯* = Mo keine Post

Abfahrt. Anhalter Bahnhof

Zug Nr.		Zeit	In Richtung	Gleis
D 32	—	: 15.39	Bitterfeld 17.02 - Leipzig 17.32.	1
D 1244	—	vS: 15.45	Halle (S) 17.29 - Erfurt 19.15 - Eisenach 20.10. Nur vS.	4
D 44		: 15.52	Halle (S) 17.36 - Erfurt 19.25 - Frankfurt (M) 23.12 - Darmstadt 0.05 - Mannheim 1.01 - Karlsruhe 2.15 - Basel SBB 6.06. KW über Mailand 12.55 - Genua 15.45 nach Ventimiglia 19.03 und über Bern 9.27 nach Genf 12.27. n. Basel SBB 6.06 (bis 16./17. XII. 37 und ab 16. 17. III. 38) nach Chur 10.33 (vom 17./18. XII. 37 bis 15./16. III. 38) und nach Lugano 11.14.	2
E 68		16.28	Elsterwerda 18.21 - Dresden 19.18. KW nach Chemnitz 20.09.	4
FDt 552 Nur 2. Kl.		: 16.40	Leipzig 18.06 - Nürnberg 21.43 - München 23.38. Fernschnelltriebwagen. Nur 2. Klasse. KW nach Stuttgart 23.53. Platzzahl und Gepäckbeförderung beschränkt.	6
518	—	w 16.44	Luckenwalde 17.43 - Jüterbog 17.59. Nur W.	17
D 8	w	: 17.15	Halle (S) 19.21 - Erfurt 21.32 - Kassel 0.09. KW nach Leipzig 19.31.	1
848	w	17.19	Leipzig 20.12 - Saalfeld 23.38 - Nürnberg 3.56 - München 7.54.	2
818		17.25	Wittenberg 19.29 - Bitterfeld 20.20 - Halle (S) 21.00.	17
FDt 572 Nur 2. Kl.		: 18.24	Leipzig 19.41 - Erfurt 20.58 - Frankfurt (M) 23.26 - Karlsruhe 1.12. Fernschnelltriebwagen. Nur 2. Klasse. Platzzahl und Gepäckbeförderung beschränkt.	1
D 60	w	: 19.12	Jüterbog 20.00 - Röderau 20.56 - Dresden 21.43. KW nach Chemnitz 22.23.	4
D 156 w		: 19.40	Leipzig 21.32 - Hof 0.16 - Regensburg 2.54 - Passau 4.35 - Wien West 9.10. nach Wien West 9.10.	6
292	—	19.48	Jüterbog 21.17 - Falkenberg 22.31.	17
316	w	20.09	Elsterwerda 22.57 - Dresden 0.27.	2
D 14		: 20.22	Halle (S) 22.16 - Erfurt 0.02 - Würzburg 3.50 - Stuttgart 7.31 - Singen 11.21 - Schaffhausen 12.09. KW nach Saarbrücken 10.26, nach Konstanz 11.57 und nach Mailand 19.18, nach Rom 6.45. nach Stuttgart 7.31 und Zürich 13.05.	1
D 150		:21.04	Halle (S) 22.50 - Nürnberg 3.43 - München 6.20. **Vom 21./22. XII. 37 bis 5. 6. I. 38 und vom 12. 13. bis 21. 22. IV. 38.**	4
D 50		: 21.14	Halle (S) 23.06 - Nürnberg 4.22 - Augsburg 6.11 - München 7.05 KW nach Meran 14.47, KW u. über Kufstein 9.05 - Bologna 17.20 - Florenz 18.48 nach Rom 22.40. 1. 2. 3. Kl. nach München 7.05.	2
D 70 w		:21.20	Halle (S) 23.18 - Nürnberg 4.39 - Augsburg 7.10 - München 8.02. Schlafwagenzug 1. 2. 3. Klasse. **Verkehrt nicht am 24. 25. XII. und 31. XII. 1. I.**	4
D 26		: 21.29	Leipzig 23.35 - Hof 2.49 - Regensburg 5.40 - München 7.38. KW nach Nürnberg 5.53 und nach Berchtesgaden 9.46; nach München (1. 2. 3. Kl.) 7.38; über Landshut nach Berchtesgaden (1. 2. 3. Kl.) 9.46.	1
D 238	w	: 21.58	Leipzig 0.09 - Gera 1.23 - Nürnberg 6.00 - Stuttgart 9.39. KW nach Lindau 11.30 (bis 13./14. XII. 37 u. ab 31. III./1. IV. 38) KW und nach Friedrichshafen Stadt 10.54. 1. 2. 3. Kl. nach Stuttgart 9.39.	2
D 58	w	: 22.08	Dresden 23.52. Platzzahl und Gepäckbeförderung beschränkt. Benutzung nur mit Platzkarte.	4
D 2		: 22.12	Halle (S) 0.09 - Erfurt 1.49 - Frankfurt (M) 5.42 - Heidelberg 7.13 - Karlsruhe 7.57 - Basel SBB 11.25. KW über Luzern 13.30 - Mailand 19.18 nach Rom 6.45 und über Zürich 13.19 nach Chur 15.46. 3. Kl. nach Basel DRB 10.53 und 1. 2. Kl. nach Basel SBB 11.25. nach Nizza 9.49 u. nach Ludwigshafen (Rh) 8.13.	1
528	—	22.17	Jüterbog 23.32 (14. XII.—30. III. an 23.38).	17
D 92		:22.45	Halle (S) 0.32 - Nürnberg 5.50 - Augsburg 8.04 - Lindau 11.30. **Nur vom 14./15. XII. 37 bis 30./31. III. 38.** KW nach Oberstdorf 11.20 und nach Innsbruck 12.55. KW und nach Chur 14.56 (bis 29./30. III. 38) nach Garmisch-Part. 10.25, und 3. Kl. nach Oberstdorf 11.20.	2
Vz 870	—	S 23.00	Luckenwalde 23.48 - Jüterbog 0.01. Nur S.	8
870		23.07	Bitterfeld 1.09 - Halle (S) 1.35 - Erfurt 4.01 - Frankfurt (M) 9.49.	6
D 52		: 23.36	Elsterwerda 0.56 - Dresden 1.46 - Bodenbach 2.59 - Prag Wils. Bf. 5.57 - Wien Fr. Jos. Bf. 12.30. n. Prag Wils. Bf. 5.57 u. Wien 12.30.	1
5242		0.18	Wittenberg 2.32 - Bitterfeld 3.27 - Leipzig 4.12.	2
1042	—	) 0.52	Luckenwalde 1.36 - Jüterbog 1.52 - Altes Lager 2.04. Nur nS.	4

126 Der Henschel-Wegmann-Zug nach Dresden auf der Brücke am Landwehrkanal, aufgenommen von Willy Pragher im Mai 1936. Vor dem Zug eine „Ersatzlok" der Reihe 01. Rechts der Lokschuppen 1 mit dem Wasserturm.

127 Der Sonderzug Hitlers an der Ostseite des Anhalter Bahnhofs, dahinter die Möckernstraße mit dem Amtsgericht Kreuzberg, am 2. August 1938. Die folgenden Wochen verbrachte er auf dem Obersalzberg zur Sommerfrische. Für die Salonwagen der Reichsregierung wurde ursprünglich ein viergleisiger Schuppen an der Monumentenbrücke genutzt, nachdem dort 1930 der alte Schuppen 2 des Anhalter-Betriebswerks aufgegeben worden war. Aufgrund der wachsenden Zahl von Dienstwagen mußte aber ab 1938 eine neue Halle neben dem Bahnhof Yorckstraße für diese besondere Abteilung des Bahnbetriebswagenwerks Anhalter Bahnhof gebaut werden, nicht weit vom Lokschuppen 3 entfernt. Im Kriege wurde daraus das selbständige Wagenwerk Yorckstraße.

„Im Zuge der Neugestaltung der Berliner Bahnanlagen, die mit der Umgestaltung des ganzen Städtebildes Groß-Berlins durch Professor Speer im Zusammenhang steht, wird der Anhalter Bahnhof aufgegeben. Die betrieblichen Aufgaben des Personenverkehrs werden auf den geplanten großen Berliner Südbahnhof übergehen, und dieser Südbahnhof wird dann in Zukunft die Tradition des mit der Berliner Geschichte eng verbundenen und weltbekannt gewordenen Anhalter Bahnhofs übernehmen. Die Anlagen des Güterverkehrs werden eine Verlagerung nach Süden in die Gegend zwischen Ringbahn und Südende erfahren.

Viele Staatsempfänge und viele Reisen von Staatsführern und hohen Diplomaten hat der Anhalter Bahnhof bis in die heutigen Tage gesehen. Gerade jetzt, wo die Reichshauptstadt sich zum verkehrlichen und politischen Mittelpunkt des europäischen Raumes entwickelt, erlebt der Anhalter Bahnhof in den letzten Jahren seines Bestehens eine besonders glanzvolle Zeit. Dieser Abschlußverkehr, den er noch zu bewältigen hat, wird so stark sein, daß jetzt noch an eine bauliche Verbesserung seiner Betriebsanlagen gedacht wird. So soll er an der Möckernstraße, neben der großen Halle einen weiteren auf einer Stahlbrükke liegenden Bahnsteig erhalten, um den nach dem Kriege zu erwartenden Spitzenverkehren bessere Einfahrmöglichkeiten zu bieten.

Im Anschluß an die Elektrisierung der Strecke München–Halle/Leipzig ist die Elektrisierung der Strecke Halle–Berlin seit langem geplant. Da dieses Vorhaben voraussichtlich vor Fertigstellung des neuen Berliner Südbahnhofs durchgeführt wird, erfährt nach aller Wahrscheinlichkeit auch der Anhalter Bahnhof noch seine Elektrisierung.

Wenn in einigen Jahren der Anhalter Bahnhof in Berlin seine Pforten für immer schließt, dann wird er, vielfältig verbunden mit dem Leben der Reichshauptstadt, als eines der wichtigsten Glieder des alten Berliner Eisenbahnsystems in der Verkehrsgeschichte fortleben."

(Reichsbahnrat Grassmann, „Großdeutscher Verkehr" 1941)

126

127

128

129

128 Ankunft Hitlers bei der Rückkehr von München auf dem Anhalter Bahnhof am 1. Oktober 1938. Eben war das „Münchener Abkommen" mit Italien, England und Frankreich über die Abtretung des Sudetenlandes und die Zukunft der Tschechoslowakei geschlossen worden. Zur Begrüßung ist daher der Führer der Sudetendeutschen Partei, Konrad Henlein, auf dem Bahnsteig angetreten. Rechts ferner Göring und Keitel, links Bormann und Ribbentrop; ohne Ausnahme uniformiert.

129 Vor der Halle des Anhalter Bahnhofs am 3. Oktober 1938. Die Fahnen im Hintergrund hängen noch von der Ankunft Hitlers dort, der nach seinem Treffen mit Mussolini, Chamberlain und Daladier zwei Tage zuvor im Sonderzug hier eingetroffen war. Während rechts ein Eilzug den Bahnhof verläßt, wartet die 03-Lokomotive im Gleis 1 noch auf den Abfahrauftrag.

130

130 Der kleine „Kaffeekocher" aus der Gattung T3 war auch Anfang März 1939 noch beim Anhalter-Betriebswerk im Einsatz, hier zusammen mit zwei Betreuern am Schuppen 1 a. Die Maschine ist 1903 von Linke-Hofmann als „6143 Berlin" geliefert worden; sie ist noch bis 1947 bei der Reichsbahn nachgewiesen.

131

131 Ein Bild aus den letzten Friedenstagen zeigt die Lokomotive 18006 aus Dresden, die Anfang 1918 noch an die Sächsische Staatsbahn geliefert worden war. In den Jahren nach 1936, als das Betriebswerk Dresden-Altstadt mit neuen 01-Loks versehen war, kamen diese sächsischen Maschinen in Berlin seltener. Hier steht sie vor dem Schnellzug nach Karlsbad über Dresden, Teplitz–Schönau und Komotau, planmäßige Abfahrt 17.07 Uhr, einer Neuerung jenes Jahres.

„Die Aufnahme entstand am Samstag, 26. August 1939, am darauf folgenden Sonntag wurde die Ausgabe von Lebensmittelkarten verkündet, und am 1. September 1939 gingen in Europa die Lichter aus. An jenem Samstag war ich auf der Rückreise von Bansin an der Ostsee nach meinem damaligen Wohnort Aussig an der Elbe. Der abgebildete Zug ist der D56 nach Eger über Dresden, Bodenbach. Nachdem ich mein Gepäck im Abteil verstaut hatte, wollte ich den am Nachbargleis wartenden D44 nach Basel mit seiner 01 fotografieren. Der Zug war sehr lang, und auf halbem Weg zur Lokomotive fuhr er leider ab, sehr vornehm, mit drei Schlafwagen, Speisewagen und Kurswagen nach Oberitalien und in die Schweiz. Als der Zug die Halle verlassen hatte, war der Blick auf die 18006 frei. Links die Bahnhofsuhr zeigt 16.50 Uhr. Wer genau hinsieht, bemerkt neben dem Führerhaus einen weißen Gegenstand; es ist die Kaffeekanne des Lokomotivpersonals!“
(Der Fotograf Wilhelm Tausche in einem Brief)

132

132 Ende März 1940 kam die stromlinienverkleidete Schnellzuglokomotive 01 1065 aus der Lokfabrik Schwartzkopff in Wildau bei Berlin zur Reichsbahn und wurde in Halle stationiert. Die Kreideziffern auf dem Puffer zeigen, daß sie den Zug D 40 (später D-Zug mit Wehrmachtsteil, DmW 40) nach München am Haken hat, der den Anhalter Bahnhof um 11.20 Uhr verließ. Das Anhalter-Betriebswerk beheimatete von März 1940 bis Januar 1943 auch vier eigene Maschinen dieses Typs mit den Nummern 01 1060 bis 1062 und 1069. Sie waren oft vor den Sonderzügen der Nazi-Regierung zu sehen, besonders imposant in Szene gesetzt bei Hitlers Rückkehr von der Westfront in Frankreich am 6. Juli 1940. Vorn und hinten an diesen Zügen liefen jetzt „Flakwagen" mit.

„Im preußischen Staatsbahnnetz haben die Strecken der Berlin-Anhalter Bahn immer eine große Bedeutung gehabt. Die Strecke Berlin–Jüterbog gehört – wie jeder weiß – zu den deutschen Strecken mit dem stärksten Schnellzugsverkehr. So verkehrten im Sommer 1939 auf dieser Strecke täglich bis zu 40 Schnell- und Eilzüge in jeder Richtung. Durch den Bau der Strecke Meinsdorf–Wiesenburg 1921/23 konnte die Strecke vom Güterzugverkehr entlastet werden. Auch einige Schnellzüge werden seit einiger Zeit über Dessau–Belzig geleitet. Weiter hat der Bau der Wiesenburger Bahn die alte Strecke Dessau–Köthen wieder in den Durchgangsverkehr eingeschaltet (Berlin–Belzig–Dessau–Güsten–Sangerhausen) und diesen Fehlbau der ersten Eisenbahnzeit aus seiner vorübergehenden Vereinsamung befreit. An der Bedeutung der Strecke Berlin–Jüterbog hat sich aber nichts geändert. Zweifellos wird der Anhalter Bahnhof in Berlin, dessen Bezeichnung den Namen der früheren Eisenbahngesellschaft bewahrt hat, bis zur Neugestaltung der Berliner Eisenbahnanlagen zu den verkehrsreichsten Fernbahnhöfen Europas gehören."
(Reichsbahnrat Haas, „Die Reichsbahn", 1941)

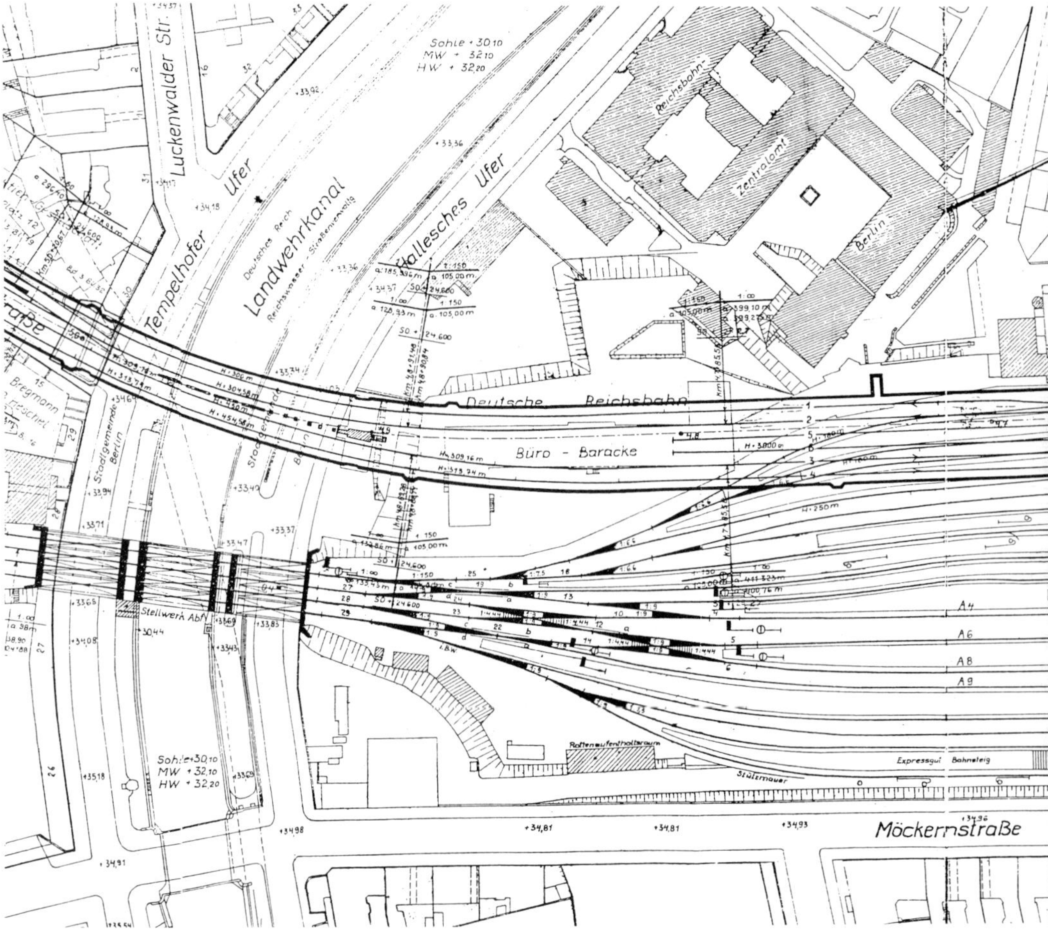
Luckenwalder Str.
Tempelhofer Ufer
Landwehrkanal
Deutsches Reich
Reichswasser-Straßenverwaltg
Hallesches Ufer
Sohle + 30,10
MW + 32,10
HW + 32,20
Reichsbahn-
Zentralamt
Berlin
Deutsche Reichsbahn
Büro - Baracke
Stellwerk Abf
Stadtgemeinde Berlin
Expressgut Bahnsteig
Stützmauer
Möckernstraße
A4
A6
A8
A9

133

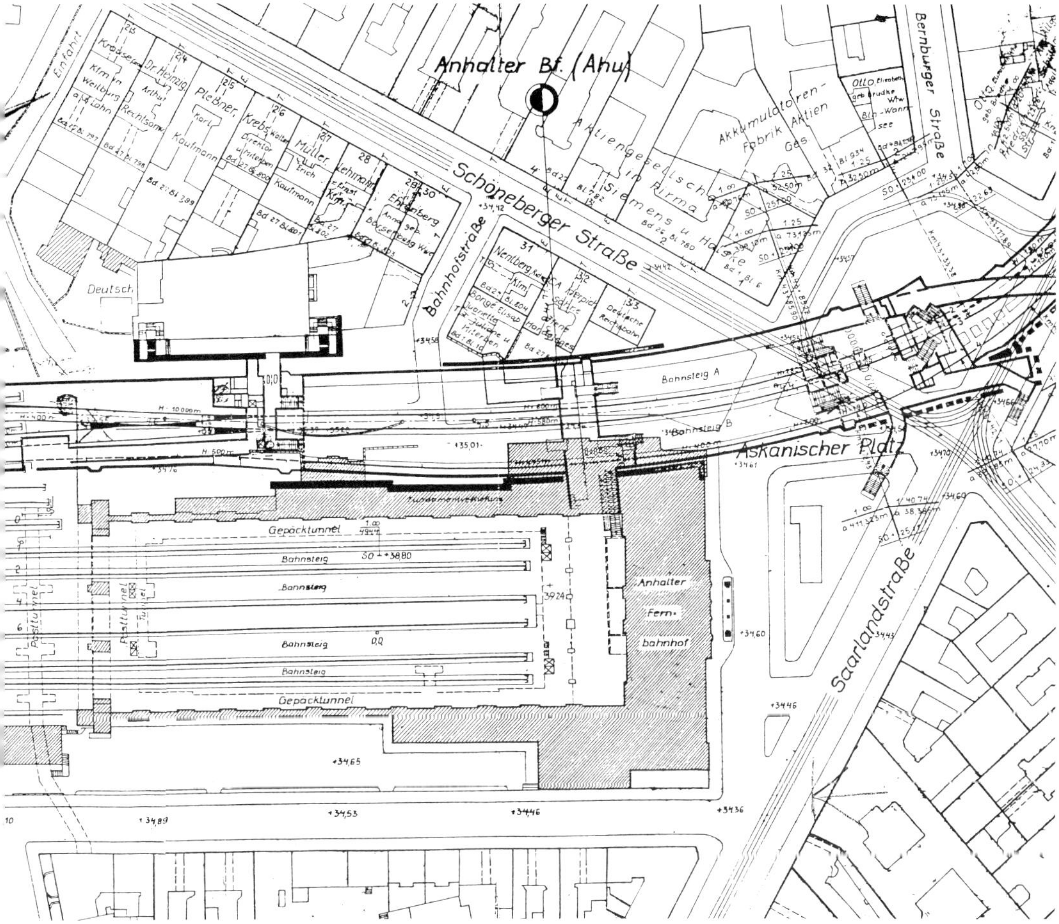

133 Lageplan des Anhalter Bahnhofs in Berlin aus seinen letzten Betriebsjahren. Die Zeichnung wurde 1943 aufgestellt zur Eintragung der Nordsüd-S-Bahn, deren Tunnelstation „Anhalter Bahnhof" seit dem 9. Oktober 1939 in Betrieb stand. Zahlreiche Einzelheiten geben aber den Zustand der frühen dreißiger Jahre wieder. Deutlich ist zu sehen, wie an der Westseite des Fernbahnhofs neue Fundamente gelegt werden mußten.

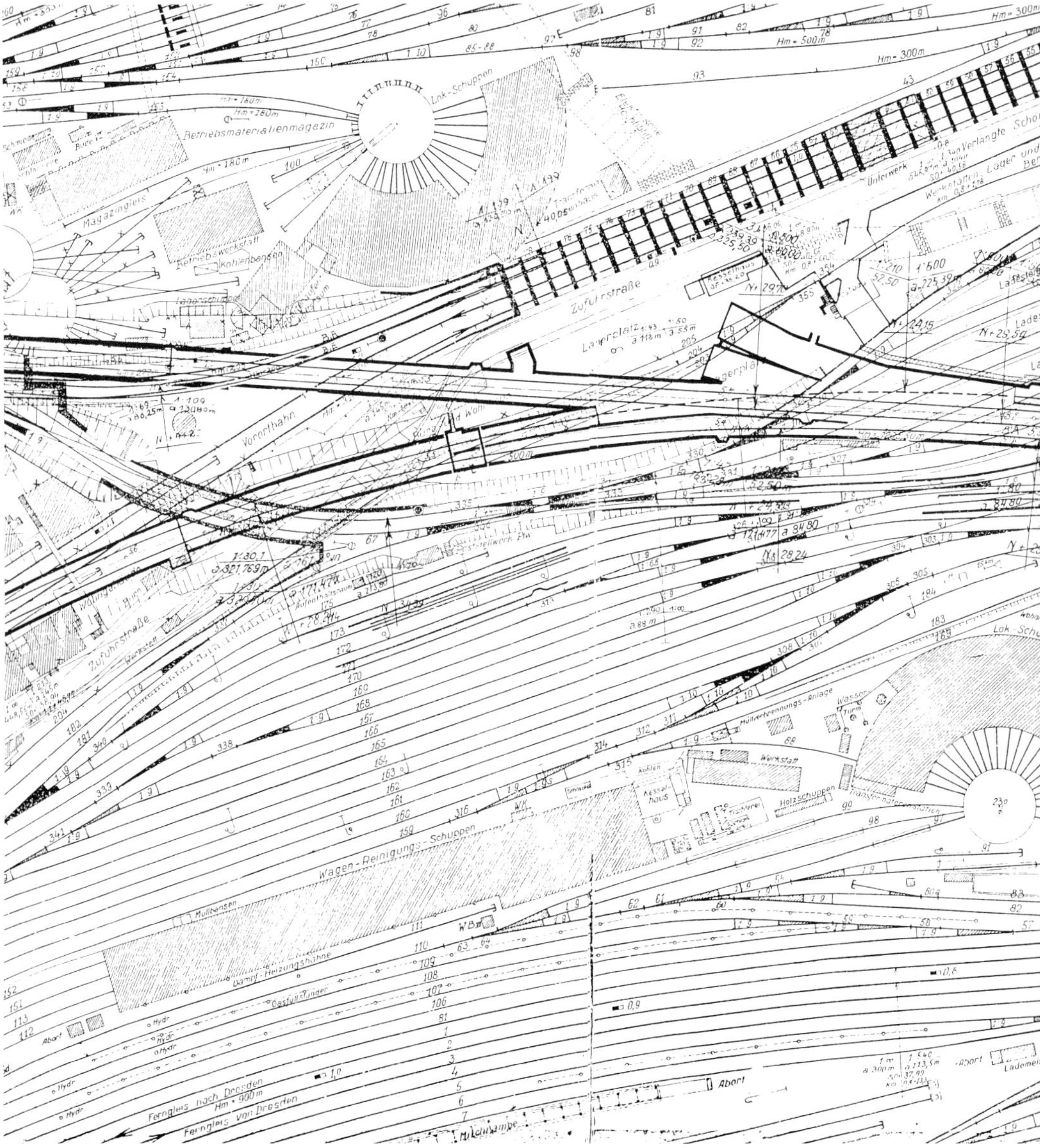

134 Lageplan der Nordsüd-S-Bahn, der Anhalter Ferngleise und des Abstellbahnhofs, ebenfalls um 1943 gezeichnet. Die Lokschuppen sind vielfach erweitert, doch ist die 20-Meter-Drehscheibe am Schuppen 1 in Wirklichkeit schon einige Zeit gegen eine größere ausgetauscht gewesen. Sehr deutlich ist das Verbindungsgleis zu den westlichen Abstellgleisen und

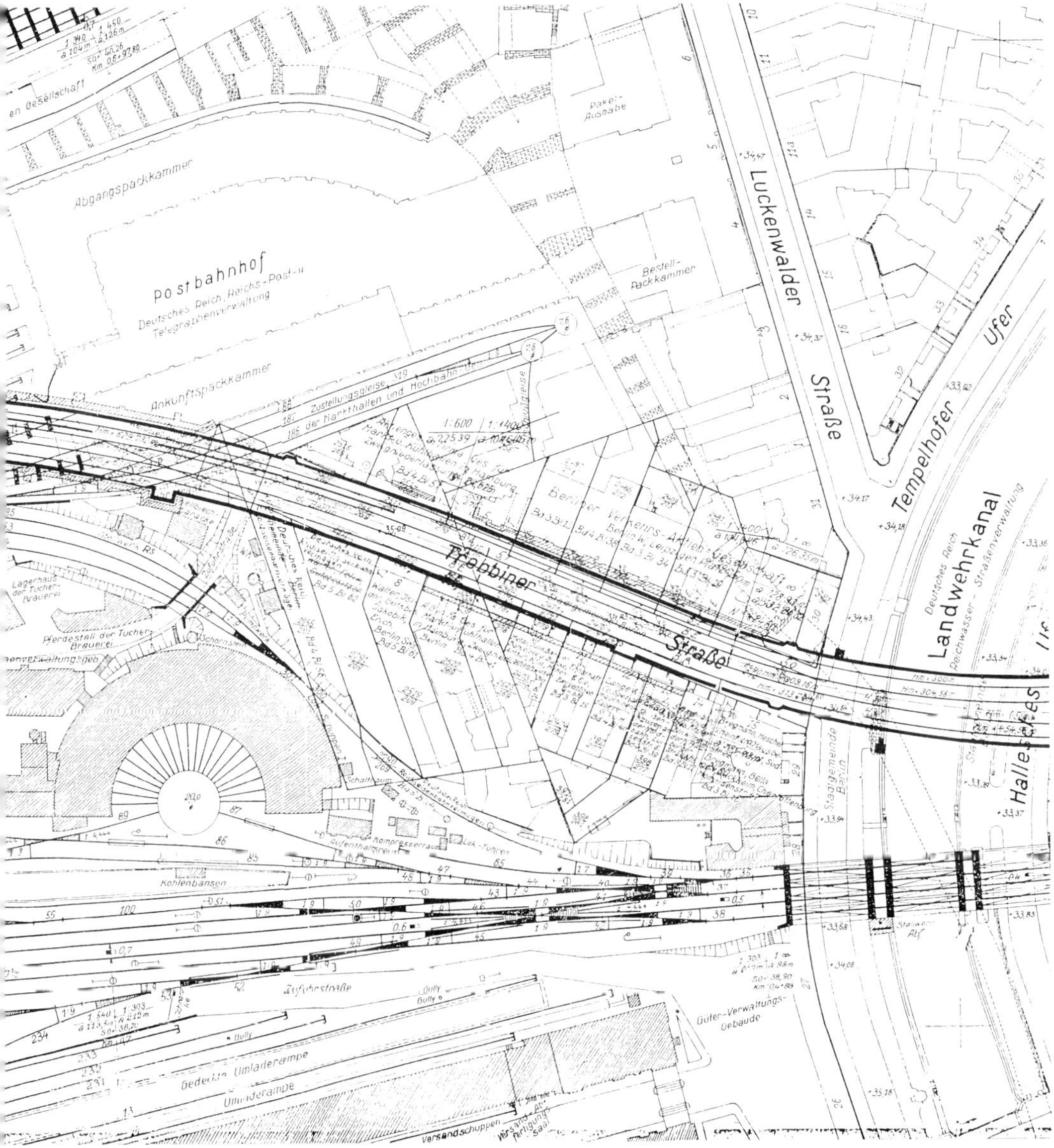

134

dem Postbahnhof über Stellwerk „Rs" zu erkennen. In dieser riesigen Dienststelle gab es 1939 mehrere eigene „Reiche": den Fernverkehr (Schuppen 1 und 1a), den Rangierdienst (Schuppen 3), die Werkstatt für Schnelltriebwagen und dazu das eigene Betriebswagenwerk mit dem Ableger an der Yorckstraße.

135

135 Abgeblendete Lokomotivlaternen und weiße Ringe an den Lichtmasten sind Anzeichen dafür, daß der Krieg wieder begonnen hat. Auf Gleis 17 steht ein Morgenzug mit der Lokomotive 38 3223 vom Betriebswerk Anhalter Bahnhof, daneben eine ausfahrende Dampflok 03. Bald darauf, nach dem Angriff auf die Sowjetunion, wurde diese P8 in die besetzten Ostgebiete überwiesen.

136 Im Juli war Adolf Hitler auf dem Anhalter Bahnhof jubelnd empfangen worden, als er mit seinem Sonderzug aus dem eroberten Frankreich zurückkehrte, doch der Krieg kam bald darauf nach Berlin: am 8. Oktober 1940 „verließen die ersten Sonderzüge mit Kindern, die von der NSV auf Wunsch ihrer Eltern in alarmfreie Gebiete des Reiches verschickt wurden" (Originaltext), die Großstadt. Noch konnte man eine Kapelle und viele Wimpel dazu aufbieten.

136

137

137 Die Maschine 01 021 wurde 1928 von Borsig an die Reichsbahn für das Betriebswerk Anhalter Bahnhof geliefert, und auch Ende 1940 war diese Lokomotive dort noch stationiert. Die Aufnahme vor einem Fronturlauberzug entstand für eine Reportage über das Kriegs-Weihnachtsfest 1940 im „Illustrierten Beobachter", einer Variante des „Völkischen Beobachters". Am 1. August 1941 waren im Anhalter-Betriebswerk noch 16 Dampfloks der Reihe 01 beheimatet, nämlich 01 012 bis 018, 020, 021, 104 bis 106, 116, 117, 189 und 190. Als Ersatz für die vier abgegebenen Maschinen hatte das Werk aber Dreizylinderloks der Reihe 01^{10} erhalten (Mitteilung M. van Kampen).

138 Der Anhalter Bahnhof brennt! Die Flammen, die am 30. Dezember 1940 aus den Räumen der Gepäckaufbewahrung des Schwechten-Bauwerks schlugen, beruhten – noch – nicht auf Fliegerbomben, aber sie erscheinen uns heute wie eine mahnende Schrift an der Wand. Drei Jahre später gehörten die Luftangriffe zum Alltag Berlins.

139 Abfahrauftrag am Gleis 2, aufgenommen 1943: jetzt beherrschten „Schnellzüge mit Wehrmachtsteil" und „Sonderzüge für Fronturlauber" die immer dünner werdenden Fahrpläne und Kursbücher. Auch die Reichsbahn-Uniform ist längst militärisch geschnitten.

140 Eine Propaganda-Postkarte der Kriegsjahre. Abschied und Ankunft bildeten die gut verkäuflichen Motive der Zeit. Das Bild zeigt eine Szene am Anhalter Bahnhof, wohl 1941 entstanden. Wenig später wurde dazu aufgerufen, Pelze und Felle für die Soldaten an der Ostfront zu stiften.

139

140

Tapfere kleine Soldatenfrau

Lied von Carl Sträßer

1. Als wir im August hinausgezogen sind, / Da hast du mich zum Sammelplatz gebracht. / Du trugst auf deinem Arm unser kleinstes Kind, / Und du hast mich so fröhlich angelacht. / Du sagtest unserem Jungen: „Schau, dort steht der Vater ja!" / Und du warst eine kleine tapfere Frau, / Die ihren Liebsten scheiden sah.

1.—4. Tapfere kleine Soldatenfrau, / Warte nur bald, / Kehren wir zurück. / Tapfere kleine Soldatenfrau, / Du bist ja mein ganzes Glück / Tapfere kleine Soldatenfrau / Ich weiß wie so treu du denkst an mich. / Und so soll es immer sein, / Und so denk ich ja auch dein / Und aus dem Felde von Herzen grüß ich dich.

2. Als Abschied ich nahm, da war der Garten bunt, / Viel Rosen waren ringsumher erblüht. / Du gabst mir einen Kuß und dein roter Mund, / Der hat auch wie ein Röselein geglüht / Du drücktest mir die Hand so fest, / Da hab' ich's tief gespürt. / Daß mit Stolz in den Kampf du mich ziehen läßt, / Den Freiheitskampf, den Deutschland führt.

3. Heut' bin ich so fern von dir und unserem Haus, / Doch fühl ich deine Grüße mit mir gehn. / Ich rechne mir den Tag bis zum Urlaub aus, / Werd' dann dich und die Kinder wiedersehn. / Du stehst am Gartentore dann; / Wie schön ist da die Welt, / Wenn die tapfere Frau ihren feldgrauen Mann / In ihren Armen selig hält.

(wenden!)

141

141 Auf dem Querbahnsteig im Frühjahr 1944. Neben dem Wartesaal 1. und 2. Klasse weist ein Schild zum Luftschutzraum. Dienstreisende und Evakuierte verbargen sich dort vor Bomben.
„Es gelang uns wie durch ein Wunder, auf dem abendlichen Anhalter Bahnhof, in eine große Menschenmenge eingepfercht, dadurch in den hineingeschobenen Zug zu gelangen, daß wir gerade vor einer Wagentür standen. Im dichtgedrängten Seitengang ließen wir bei Stockdunkelheit eine Flasche Reisschnaps kreisen, die uns in der japanischen Botschaft geschenkt worden war“ (Richard Roosen, Ein Leben für die Lokomotive, 1976)

142

142 Evakuierungstransporte vor dem Anhalter Bahnhof im Februar 1945: alte Männer, Frauen und Kinder drängen um einen Lastwagen.
„Am Sonntag etwa 4 Uhr fuhren wir nach Lichterfelde Ost, warten, warten, warten, ganzer Bahnsteig voller Menschen, Soldaten, Alarm, zu kleine Unterstände, dann endlich ein Zug nach Konstanz, schließlich rein, festgeklemmt, zwischen Sachen etc., wieder raus, anderen Wagen, beide durchs Fenster rein, die Klamotten nachgeschmissen, und gegen 10 fuhr der Zug ab.“
(Ein Brief vom 12. Februar 1945)

4. Kapitel

Nachkriegszeit, Abriß und Verfall

Erste Züge im Sommer 1945.
Dampfbetrieb bis zum Stillstand im Mai 1952.
Zukunftspläne ohne große Hoffnung.
Die Sprengung des Bahnhofs 1961.
Sein Schicksal als Trümmergelände.
Vom Bahnbetriebswerk zum Museum für Verkehr und Technik.

Nur mühsam kam der Lokomotivdienst nach dem Kriegsende wieder in Gang: Kohlen und Öl fehlten, viele Lokmänner waren im Krieg geblieben, Bahnhöfe und Brücken zerstört, die guten Maschinen in Panik nach Westen abgefahren. Dazu kamen die knappe Verpflegung, Demontage von Gleisen, Zugdienst in „Kolonnen" für die Sowjetarmee und eine ungewisse Zukunft angesichts der bald spürbaren Streitigkeiten unter den Siegermächten in Berlin.

Am 1. September 1945 ging der Eisenbahnbetrieb in der damaligen sowjetischen Besatzungszone wieder auf deutsche Stellen und Eisenbahner über. Der Anhalter Bahnhof lag im amerikanischen Sektor Berlins, und wenn auch der Reichsbahn weiterhin der Bahnbetrieb auf allen Berliner Strekken übertragen wurde, so gab es doch genug Anlaß für Konflikte: Triebwagen und Versorgungszüge liefen schon bald nicht mehr nach Plan, und Machtdemonstrationen auf beiden Seiten folgten. Im DDR-Jubiläumsbuch „Uns gehören die Schienenwege" von 1960 ist ein Bild zu sehen, das US-Soldaten vor einer T 14 und einer Kriegslok 52 zeigt, dazu der Satz: „Amerikanische Besatzer blockierten auf dem Anhalter Bahnhof Lokomotiven und Gleise, um den Verkehr mit der damaligen sowjetischen Besatzungszone zu stören." Der Text entstand übrigens, als draußen der Anhalter Bahnhof gerade weggesprengt wurde. Nach Kriegsende waren zwischen Ende 1945 und Juni 1948 auch Triebwagen für die Besatzungsmacht im Schuppen an der Kolonnenstraße stationiert gewesen, darunter der Schnelltriebwagen VT 137 854 des amerikanischen Stadtkommandanten Clay. Mit der Berliner Blockade endeten diese Einsätze. So wundert es nicht, daß der Lokomotivdienst an diesem Bahnhof nach 1945 nur noch von der Hand in den Mund lebte. Ersatzteilmangel einerseits und die Bocksprünge der Politik andererseits machten eine planmäßige Lokomotivunterhaltung dort schwer. Überwiegend waren es Personenzugmaschinen, die jetzt noch im Anhalter-Betriebswerk beheimatet wurden; von der einstigen Schnellzug-Hochburg war wenig zu spüren. In der ersten Nachkriegszeit waren die Lokomotiv-Stationierungen ja noch sehr zersplittert und wechselhaft. So zählte von November 1945 bis August 1947 auch die

Lok 031019, vom Juli 1946 bis August 1947 die Lok 031089 zum Bestand des Anhalter Bahnhofs. Vorwiegend wurden bis 1950 aber im Anhalter-Betriebswerk die Reihen 24, 64, 80, 38 und 93 betreut. Die Unterhaltung von P 8 wurde im Mai 1950 eingestellt. Loknummern jener Jahre sind: 381103, 2760, 3523 und 80007, 011. Vier „Steppenpferde" der Baureihe 24, die Personenzugloks für ländliche Gebiete, waren zwischen Sommer 1948 und Anfang November 1950 im Anhalter-Betriebswerk, besonders für die Züge nach Jüterborg, stationiert: 24002, 004, 009 und 021. Einen tiefen Blick in den Alltagsbetrieb gestattet dieser Kohlenladezettel vom 17. November 1950:

Lok	Heimatwerk
80021	Anhalter Bf.
383350	Elsterwerda
382168	Wittenberg
74986	Anhalter Bf.
80004	Anhalter Bf.
03242	Halle
03042	Leipzig
39043	Riesa
031087	Leipzig
381757	(?) Wittenberg
03195	Leipzig
52545	Grunewald
382531	Elsterwerda
80027	Anhalter Bf.
03254	Halle
64430	Anhalter Bf.
382416	Jüterbog
381710	Halle
382386	Jüterbog
381752	Elsterwerda
03162	Halle
03295	Halle
39175	Chemnitz
03143	Halle
74859	Anhalter Bf.
03243	Leipzig

Im letzten Betriebsjahr des Anhalter Personenbahnhofs, 1952, sind im Betriebswerk Anhalter Bahnhof noch folgende Maschinen betreut worden: 64166, 185, 186 und 80026, 027 sowie (bis 1953) 74859. Sie liefen teilweise „außer Plan" nach Jüterborg und Zossen. Da der Lokschuppen 1 von Bomben getroffen worden war, hatte man ihn durch eine neue Stirnwand um mehrere Gleise verkleinert. Nach 1952 tauchten hier nur noch 52er aus Tempelhof und eine alte T 12 auf, um Güterwagen zu den weiter benutzten Umladehallen zu bringen und Waggons mit Bauteilen und Schrott wegzufahren. Nach 1959 gab die Reichsbahn den Schuppen 1 mit seiner Drehscheibe sowie den Westteil des Schwechten-Güterbahnhofs auf, um den Bau der U-Bahn von der Yorckstraße zur Möckernbrücke zu ermöglichen. 1961 wurde die Drehscheibe am Schuppen 1 a zum letzten Mal von der Reichsbahn überholt, doch nach dem Ende des Fernbahnhofs und dem Bau der Mauer war der Lokschuppen an der Trebbiner Straße selbst als Abstellplatz für Tempelhofer Maschinen nicht mehr erforderlich. Die von dort eingesetzten Rangierloks V 60^{10} und V 180, V 120 und V 132 kennen die Anschrift „Ahb" am Führerhaus nicht mehr; der Schuppen verfiel.

Seit 1983 ist aber wieder Leben in die alten Lokschuppen zurückgehrt: Mit über 50 Millionen Mark werden sie als Museum hergerichtet; über vierzig Lokomotiven aus der gesamten deutschen Eisenbahngeschichte umfaßt die Sammlung. An Loktypen, die es früher schon am Anhalter-Betriebswerk gegeben hat, findet man hier die Maschine „BEUTH" der B.A.E., eine T 3, eine T 9^3, eine P 8, eine S 10, eine 01, eine 01^{10} und die Reihen 50/52, dazu passende Waggons und viele weitere Maschinen von der preußischen T 0 aus dem früheren Verkehrs- und Baumuseum bis zur modernsten Diesel- und Elektrolokomotive.

143

144

Zu Seite 129:
143 Bis zum Januar 1945 ist der Anhalter Bahnhof durch Bomben kaum getroffen worden, doch in den ersten Februartagen wurden Kreuzberg und sein großer Fernbahnhof mehrmals aus der Luft angegriffen. Das Hallendach war zur Hälfte zerstört, alle anderen Dächer abgebrannt. Seit April 1945 schoß Artillerie auf den Bau, und am 2. Mai 1945 sprengten SS-Männer den Tunnel der Nordsüd-S-Bahn am Landwehrkanal, um seine Benutzung durch die Rote Armee beim Vormarsch in die Stadtmitte zu blockieren. In den Wassermassen starben viele Menschen, die im Tunnel Zuflucht gesucht hatten. Auch die Brükken über den Teltowkanal waren zerstört. Hier ein erster Blick auf das, was der Krieg am Anhalter Bahnhof zurückgelassen hatte: Trümmer am Anhalter Bahnhof im Mai 1945, aufgenommen von amerikanischen Soldaten.

144 Gleich nach der Kapitulation begannen die Eisenbahner mit den Reparaturen, und im Juni 1945 fuhren bereits die ersten Dampfzüge von der Yorckstraße nach Südende; dort mit Fußmarsch bis Lankwitz Anschluß an Züge nach Jüterbog. Im August 1945 war der Anhalter Bahnhof soweit aufgeräumt, daß ihn wieder Züge anlaufen konnten; fast monatlich änderten sich die Fahrpläne. Das Bild des Fotografen C. Weinrother ist 1946 entstanden und zeigt vorn eine Sperrmauer im Kanal, dahinter den Telefonbunker und das ausgebrannte Zentralamt der Reichsbahn.
„Der Fernverkehr Berlin Anhalter Bahnhof – Richtung Dresden ist bis Radebeul-Naundorf aufgenommen worden. Es verkehrt täglich ein Personenzugpaar ab Berlin Anhalter Bahnhof um 7.05 über Zossen, Elsterwerda, Großenhain Berliner Bhf. Er ist um 13.35 Uhr fahrplanmäßig in Radebeul-Naundorf. In umgekehrter Richtung verkehren die Züge um 9.32 Uhr ab Radebeul-Naundorf, an Berlin Anhalter Bahnhof 16.20 Uhr. Auf der Strecke Berlin Anhalter Bahnhof nach Zossen verkehren vier Zugpaare mit Dampfbetrieb. Sie fahren über den Verschiebebahnhof Tempelhof und berühren nicht die Bahnhöfe Yorckstraße und Papestraße. Sie verkehren etwa alle vier Stunden, der erste um 6.35, der letzte um 18.33 Uhr ab Anhalter Bahnhof, entsprechend 8.18 bis 20.18 Uhr ab Zossen. Die Fahrzeit beträgt eine Stunde und 12 Minuten."
(Berliner Zeitung, 5. August 1945)

145

Abfahrtzeiten von den Berliner Bahnhöfen

Zug	Abfahrt	Zielbahnhof über	Ankunft	Bemerkung
		Anhalter Bahnhof		
D 46	8.00	Erfurt Halle—Naumburg	14.58	nur mit Zulassungskarten
P 902	8.30	Wittenberg Jüterbog	12.46	
D 60	16.35	Dresden-Neust. Zossen—Elsterwerda	21.00	
P 906	16.50	Wittenberg Jüterbog	20.20	
		ab Zossen		
P 314	14.50	Elsterwerda Doberlug-Kirchhain	18.32	

145 Die wenigen Züge des Jahres 1945 waren hoffnungslos überfüllt. Reisebescheinigungen der Kommandantur in Berlin, Passierscheine des Ortskommandanten in Muldenstein und Zulassungskarten der Reichsbahn waren begehrte Papiere für eine Fahrt von Berlin nach Halle. Auf vielen Strecken wurde das zweite Gleis demontiert, und Züge für die Siegermächte hatten stets Vorrang. Ob der angekündigte Frühzug um 7.05 Uhr in Richtung Dresden überhaupt gefahren wurde, ist fraglich. Am 20. August 1945 verließ erstmals ein Fernzug nach Erfurt (Weiterfahrt nach Bad Salzungen „zunächst eingestellt") den Anhalter Bahnhof, Abfahrtszeit zuerst 0.00 Uhr, ab 19. November dann 8.00 Uhr. Der abgebildete Fernfahrplan stammt aus der „Neuen Zeit" vom 2. Dezember 1945.

146 Bei der geringen Zahl der Züge und der großen Nachfrage nach Plätzen richtete die Reichsbahn für jeden einzelnen Zug des Anhalter Bahnhofs einen eigenen Fahrkartenschalter ein. Davor stellten sich schon in der Nacht zuvor die ersten Reisenden auf. Ein großes Schild verkündete: „D- und Eilzüge dürfen nur auf Dauerreisegenehmigungen und Bescheinigungen für Dienst- und Geschäftsreisen benutzt werden". Diese Karten gab es an den Schaltern 3 und 4, während am Schalter 5 die Fahrkarten für den Personenzug 902 nach Halle und am Schalter 7 die Karten für den Zug 906 nach Wittenberg verkauft wurden. Fritz Eschen hat die nächtliche Szene im Herbst 1945 aufgenommen.

147 Nur allmählich wurde das Zugangebot dichter, die Zulassungskarten seltener. Am 15. März 1948 wurde die Dachkonstruktion von einem erfahrenen Bautrupp gesprengt und verschrottet.

146

147

148

148 Blick aus der Hallenstirnwand neben der Bahnhofsuhr auf die westliche Seite der Halle, wieder 1948. Drei Züge sind nebeneinander aufgestellt. An der Bahnsteigsperre stehen zwei „Kauen", das waren im Krieg hergestellte Buden zum Bahntransport, die an vielen Stellen als Behelfsunterbringung dienten. Schon 1948 wurden einige Züge aus den südlichen Bezirken auf die Stadtbahn (Bf. Friedrichstraße) verlegt, auch einige Züge aus Dresden über Cottbus in den Görlitzer Bahnhof. Die Berliner Eisenbahngeschichte der ersten Nachkriegsjahre muß wohl noch geschrieben werden.

149 Vor dem Anhalter Bahnhof in den Jahren um 1948. Eine lange Menschenschlange steht vor dem Eingang. Nur ein Taxi ist unter vielen Handwagen zu sehen. Auf der Vorhalle ist ein zerbeulter Rahmen befestigt, der in Zeiten der Verdunklung den Weg wies zum Anhalter Bahnhof.

149

150

150 Der Gepäckträger Nr. 250 am Anhalter Bahnhof hat schon viel gesehen; er sitzt auf der Treppe vom Vestibül zum Bahnsteig. Neben der Kaue hängt eine „Vorverkaufstafel für Reisezüge“, im Durchgang ein Schild „Zu den Fernschaltern“. 1948 verkehrten drei Schnellzugpaare und ein halbes Dutzend Personenzugpaare, und Ende Juni 1948 erschien auch der folgende Aushang auf dem Anhalter Bahnhof: „Von der Deutschen Reichsbahn werden nur Zahlungsmittel in der Ostzonenwährung angenommen.“ Nun begann die Blockade der Westsektoren Berlins. Die deutsche Spaltung nahm ihren Lauf. Fotografie von Henry Ries, 1948.

Abfahrt

Zug-Nr	Zeit	nach	Gleis
P 804	6.16	Halle 10.22 - Erfurt - Gotha 15.34	2
D 46	7.09	Leipzig 9.54 - Erfurt 12.34 - Eisenach 13.52	1
D 58	7.59	Riesa 10.46 - Dresden Neu 12.01 u. Chemnitz 12.24	4
P 862	8.10	Halle 12.33 - Erfurt 16.14 - Eisenach 18.16	2
P 316	9.24	Elsterwerda 14.10 - Dreden Hbf 16.52	1
P 806	12.31	Halle 17.15 - Erfurt 20.37 - Eisenach 23.27	1
P 836	13.25	Halle 19.00 - Erfurt 23.38	4
D 38	14.52	Leipzig 18.02	2
P 310	15.24	Elsterwerda 19.50 - Dresden Hbf 22.04	1
P 838	16.22	Halle 21.55	4
D 50	17.25	Halle 20.23 - Saalfeld 23.16	1
P 808	17.42	Halle 23.37 - Weißenfels 0.45	9
Dt 74	18.37	Riesa 21.01 - Chemnitz 22.24 nur W	17
D 238	18.48	Leipzig 21.31 - Plauen (V) unt. Bf 0.50	4
P 832	21.50	Halle 2.17 - Erfurt 7.19	1
P 318	22.25	Elsterwerda 2.19	2
P 500	23.42	Jüterbog 1.26	1

Ankunft

Zug-Nr	Zeit	von	Gleis
P 501	6.29	Jüterbog 4.45	6
P 317	7.00	Elsterwerda 3.20 - Doberlug-K. 4.01	8
P 831	7.55	Wittenberg 4.07	9
D 49	8.39	Saalfeld 2.44 - Halle 5.27	6
D 37	9.02	Leipzig 5.50	9
Dt 69	9.23	Chemnitz 5.20 - Riesa 6.35 nur W.	8
D 237	10.37	Plauen (V) unt. Bf. 4.37 - Leipzig 7.40	8
P 803	11.51	Weißenfels 5.12 - Halle 6.35	6
P 311	12.00	Dresden Hbf 5.13 - Elsterwerda 7.40	8
P 805	13.06	Erfurt 4.58 - Halle 8.27	6
P 807	15.45	Eisenach 4.57 - Erfurt 6.55 - Halle 10.45	6
P 835	18.23	Halle 12.40	8
D 57	18.51	Dresden Neu 14.30 u. Chemnitz 13.52 - Riesa 15.45	6
P 315	19.20	Dresden Hbf 11.56 - Elsterwerda 14.38	4
P 837	20.54	Halle 14.27	6
D 45	22.04	Eisenach 15.29 - Erfurt 16.40 - Leipzig 19.10	4
P 859	23.00	Erfurt 14.23 - Halle 18.20	2

152

151 Als handgeschriebener Behelf für Bahnbeamte, Gepäckträger und Reisebüros war dieser Abfahrts- und Ankunftsplan des Anhalter Bahnhofs gedacht. Er war ab 14. Mai 1950 gültig. Elf Personenzugpaare und sechs Schnellzugpaare sind aufgeführt, darunter sogar ein Triebwagenzug in Richtung Chemnitz. Züge ins Ausland verkehrten 1950 am Anhalter Bahnhof nicht mehr, und auch die neuen „Interzonenzüge" nach Westdeutschland benutzten nur die Stadtbahn. Es war bloß noch eine Frage der Zeit, wann auch Halle und Dresden, Eisenach und Erfurt allein vom Berliner Ostbahnhof erreicht werden konnten.

152 Infolge der Blockade der drei westlichen Sektoren Berlins ging der Verkehr am Anhalter Bahnhof immer weiter zurück. Im Oktober 1949 wurde die DDR gegründet, und so wurden immer mehr Fahrten aus Dresden und Halle nach dem Ostsektor Berlins verlangt. Daher wurde der Güteraußenring so mit den südlichen Fernstrecken verbunden, daß bald darauf deren Züge zum Ostbahnhof rollen konnten, dem früheren Schlesischen Bahnhof. Am 4. Juni 1950 entstand dieses Bild der klassischen Berliner Schnellzuglok 17 1055, Gattung $S\,10^1$, vor dem um 11.05 Uhr eingelaufenen Personenzug von Weißenfels über Halle und Wittenberg am Gleis 6 im Anhalter Bahnhof. Daneben steht ein Zug nach Halle, der um 13.17 Uhr abfahren soll.

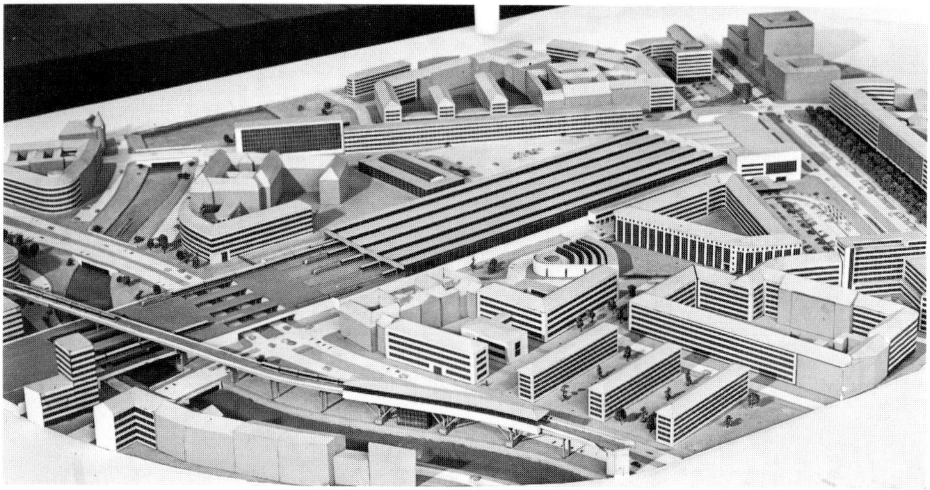

153

153 Während die letzten Züge aus Schwechtens zerstörter Halle rollten, stand dieses Modell in einer Halle unter dem Funkturm: Der Anhalter Bahnhof der Zukunft, wie er im April und Mai 1952 die Ausstellung „Hauptstadt Berlin im Aufbau" schmückte. Moderne Bauten rund um den Landwehrkanal sind zu sehen, und auch der Bahnhof ist mit zehn Gleisen und einer zur Straße geknickten Eingangshalle schon neu errichtet. Die Altbauten der Eisenbahndirektion und des Zentralamts am Ufer, des Amtsgerichts und des Großpostamts an der Möckernstraße und des Europahauses an der Stresemannstraße erleichtern die Orientierung, vorn außerdem die Hochbahn mit dem Bahnhof Möckernstraße. Dieser „Anhalter" zeigt den Baustil der Bundesbahn, wie er in München und Heidelberg beispielhaft realisiert worden ist. Ob Kopfbahnhöfe überhaupt noch sinnvoll waren, wurde damals heiß diskutiert. Jedenfalls war man für die Wiedervereinigung mit Bauplänen gerüstet.

154 Nur zwei Exemplare der alten Baureihe 23 hatte die Reichsbahn noch 1941 als Ersatz für die preußische P8 bestellt, dann unterbrach der Krieg weitere Bestellungen. Die beiden Prototypen waren von Juni 1946 bis November 1947 im Anhalter-Betriebswerk stationiert, danach bis Oktober 1948 in Jüterbog, und blieben noch bis 1954 anderen Berliner Werken mehr oder weniger treu. Diese im September 1950 entstandene Aufnahme zeigt die Maschine 23002 nach der Ankunft im Anhalter Bahnhof. Auch die Stromlinienlokomotive 61002, die 1939 als zweite Maschine für den Henschel-Wegmann-Zug geliefert worden war, ist 1950/1951 noch vor dem Behördenschnellzug D29/30 zwischen dem Anhalter Bahnhof und (an 9.37 Uhr, ab 20.24 Uhr) und Leipzig (ab 7.32 Uhr, an 22.29) gesichtet worden. Am 17. Mai 1952 stellte die Reichsbahn dort den Personenfernverkehr ein, während der Güterbahnhof und der Tunnelbahnhof der S-Bahn weiterhin benutzt wurden und den traditionsreichen Namen bis heute führen.

155 Draußen vor der Tür sah es im August 1954 noch sehr trostlos aus. Blick von der Monumentenbrücke nach Norden auf Anhalter Güterbahnhof und Personenbahnhof rechts und das Europahaus am Askanischen Platz links. Eine Reihe von Güterwagen ist noch unterwegs. Schwach sind die Brücken über die tiefer liegende Yorckstraße zu erkennen.

154

155

156

157

158

156 Wintermorgen am 17. Februar 1955 – ein bekanntes, immer wieder eindringliches Bild des stillgelegten Bahnhofs. Die Zeit für den Abbau ist gekommen, und viele Ausrüstungsteile werden auf der Schiene abgerollt. So hat der Bahnwärter auch fast drei Jahre nach dem Ende des Personenverkehrs noch Arbeit am Anhalter Bahnhof. Mehrere Gleise sind bereits gesperrt oder ganz abgerissen, doch auf der Westseite stehen noch Güterwagen der Reichsbahn.

157 Ein Abbruch auf Raten: im Sommer 1956 waren die Vorbauten auf der Ankunftsseite, also an der nordöstlichen Ecke des Bahnhofs, bis zur halben Höhe der großen Fenster abgetragen worden. Dieser Blick über den Askanischen Platz zeigt dort noch Baugerüste. Auf der anderen Seite haben sich ein Fahrradladen, ein Reisebüro, eine Lottobude und später eine Kartoffelhandlung eingemietet, deren Kunden weiterhin unter den Reisenden (der S-Bahn) zu suchen waren.

158 Wo er hängt, war von Schwechten einst das Fenster vom Querbahnsteig zur Treppe ins Vestibül zwischen die Kandelaber gesetzt worden. Wo er auftauchte, folgten ihm Gewalt und Tod. Aufnahme aus dem Frühsommer 1960, als die Sprengung des Anhalter Bahnhofs bevorstand.

159

160

161

159 Nach dem Abbruch des Kaiserlichen Salons auf der Westseite im Winter 1959/1960 begannen die Sprengungen des Südportals mit dem angrenzenden Hallenteil im August 1960, während der Nordteil mit der Hallenstirn zum Askanischen Platz ab Dezember zerstört wurde. Nach langen Verhandlungen zwischen dem Bezirksbürgermeister Kressmann von Kreuzberg, dem Bausenator Schwedler und seinem Vertreter Düttmann einerseits und dem Denkmalpfleger Seelicke sowie Bundesbahnoberrat Bock andererseits rang man sich dazu durch, die Unterfahrt vor dem Eingang vorläufig noch stehen zu lassen. Der Ziegelsplitt wurde damals zu Leichtbausteinen mit Beton verarbeitet und in Neubauten verwendet. Bis April 1962 dauerte die Abräumung des Geländes; Aufnahme von der Möckernstraße im Sommer 1961.

160 Was aber bleibt? Das Portikusfragment inmitten einer Wüstenei, aufgenommen im Juni 1969 vom Neubau des Excelsior-Hotels gegenüber. Auf der Wand noch die Figuren „Tag und Nacht“ mit dem leeren Uhrengehäuse, vorn an den Ecken „Anhaltina“ und „Berolina“, rechts ein Relief „Die Ingenieurwissenschaft“. Auch die Erhaltung dieser Ruine als Mahnmal macht Schwierigkeiten.

161 Die „vier Verkehrsebenen übereinander“ am Landwehrkanal im Oktober 1969. Bredemanns Stellwerk und die Eisenbahnbrücken mit den Ferngleisen des Anhalters Bahnhofs wurden nach 1971 zur Verbreiterung der Uferstraßen abgerissen. Rechts hinten das Gebäude der früheren Reichsbahndirektion Berlin, heute Reichsbahn-Krankenhaus.

162

162 Panorama des Anhalter Bahnhofs vom September 1970. Der Blick vom neuerbauten Postscheckamt zeigt links (südlich) den Güterbahnhof, Lokschuppen, Kühlhaus an der Trebbiner Straße, BVG-Werkstatt, Kanalbrücke mit Stellwerk „Abf" und die Hochbahn. In der Bildmitte das umgebaute Eisenbahn-Zentralamt, davor links der Telefon-Bunker als Hort der Senatsreserven. Rechts ein weiterer Bunker, die Häuser der Schöneberger Straße, der Portikus von hinten, am unteren Bildrand die Großbriefabfertigung von Postbaurat Werner. Das bewachsene und zerfahrene Gelände dazwischen: der einstige Anhalter Bahnhof.
„Schornsteine gehören zu den Symbolen der Groß-Industrialisierung Berlins. Ihr Verschwinden bezeichnet den Übergang nicht nur vom Dampfantrieb zum Elektromotor, sondern letztlich auch von der Produktion zur Verpackung."
(Janos Frecot, „Berlin fotografisch", Katalogbeitrag 1982)

163 Nach dem Mauerbau 1961 hat die Reichsbahn den Außenposten im Anhalter-Betriebswerk aufgegeben, der sich im südlichen Lokschuppen 1 a noch gehalten hatte, und bediente das Gelände fortan allein aus Tempelhof. Einige Ausrüstungsteile wurden neuen Nutzungen zugeführt, andere wurden gestohlen oder verfielen allmählich. Die Natur eroberte sich das Gelände zurück, und seit dem Anfang der siebziger Jahre unternahm mancher Berliner dorthin seine Expeditionen. 1980 verzichtete die Reichsbahn im Vertrag über den Südgüterbahnhof auf ihre Betriebsrechte am Anhalter-Gelände, das damit zum Ziel vielfältiger Interessen wurde. Da wuchsen Moose, Gräser und Kräuter zunächst, dann Birke und Pappel. Im warmen Klima blühten Pflanzen aus dem Süden auf, die mit der Fracht der Güterwagen eingewandert sind: Götterbaum, Staudenknöterich, Zürgelbaum und Steinweichsel locken ebenso wie die Walderdbeere in den Kanälen des vormaligen Betriebswagenwerks Anhalter Bahnhof. Die einheimischen Bahndammpflanzen Rispenampfer, Steinklee, Wegwarte, hellblauer Flieder, Holunder und Goldrute herrschen überall.

164 Rund um das Bahnbetriebswerk Anhalter Bahnhof, wie es sich heute und morgen darstellt: Wiederaufbau zum Museum in den Jahren 1985 bis 1988. An der Trebbiner Straße in Kreuzberg das Kühlhallen-Verwaltungsgebäude (Nr. 9) mit der angebauten „Verkehrshalle" (Nr. 8) und dem Übergang zum Lokschuppen 1. Darin wer-

164

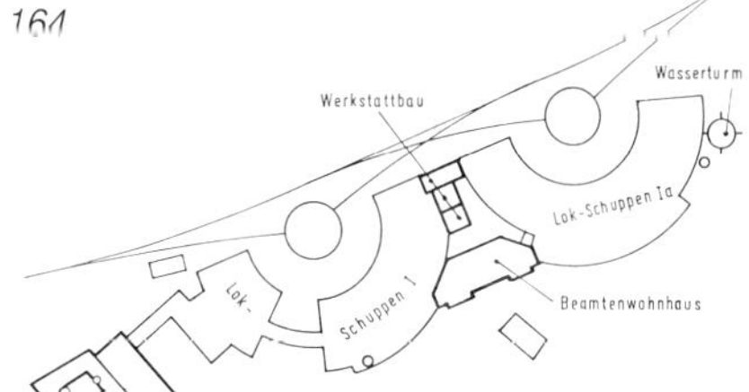

den, durch eine Schneise von Ruinen und Vegetation unterbrochen, die Maschinen aus der Zeit von 1835 bis 1920 präsentiert. Das Beamtenwohnhaus enthält Modelle von Brücken, Kanälen und Schiffen, während der Werkstattbau zur Restaurierung der Objekte dient. Im Lokschuppen 1a werden Lokomotiven und Wagen von 1920 bis zu den modernsten Typen gezeigt.

Literaturverzeichnis

Berger: Historische Bahnhofsbauten Sachsens, Preußens, Mecklenburgs und Thüringens. Berlin (Ost) 1980.

Bley: Berliner S-Bahn. Vom Dampfzug zur elektrischen Stadtschnellbahn. Düsseldorf 1985.

Gottwaldt: Berliner Fernbahnhöfe. Düsseldorf 1982.

–: Eisenbahn-Brennpunkt Berlin. Stuttgart 1982.

Grassmann: 100 Jahre B.A.E. – In: Großdeutscher Verkehr 1941, S. 402.

Kliem/Noack: Berlin Anhalter Bahnhof. Berlin 1984.

Knobloch: Angehaltener Bahnhof. Spaziergänge in Berlin. Berlin (West) 1984.

Maedel: Begegnung mit einem Bahnhof. – In: LOK-MAGAZIN 3, Stuttgart 1963.

Maier (Helmut): Berlin Anhalter Bahnhof. Berlin (West) 1984.

Mühl: Die Eisenbahndirektion Berlin und ihre Lokomotiven. – In: LOK-MAGAZIN 6, 1964.

Pierson: Dampfzüge auf Berlins Ring- und Stadtbahn. Stuttgart 1983.

–: Hundert Jahre Eisenbahnlandschaft im Berliner Süden. – In: LOK-MAGAZIN 102, Stuttgart 1980.

Pinkenburg: Umbau des Anhalter Bahnhofes zu Berlin in den Jahren 1872–1880. – In: Zeitschrift des Architekten- und Ingenieur-Vereins zu Hannover Bd. 30, Hannover 1884.

Schmidt/Thomisch: Die Bauwerke der Berliner S-Bahn / Die Vorortstrecke nach Zossen. Arbeitshefte der Berliner Denkmalpflege, 2. Berlin 1985.

o. Verf.: Berlin und seine Eisenbahnen 1846 bis 1896. Berlin 1896.

–: Berlin und seine Bauten. Berlin 1877.

–: Berlin und seine Bauten. Berlin 1896.

–: Berlin und seine Bauten. Teil X, Band B (Anlagen und Bauten für den Verkehr, 2. Fernverkehr). Berlin (West) 1984.

Bildquellenverzeichnis

Bildarchiv Preuß. Kulturbesitz: 17, 19, 37, 109, 128, 139, 141, 142, 144
L. Binger: 100, 101
Borsig-Archiv: 9, 10, 13–15
Bundesarchiv: 137
BVG-Archiv: 57
H. Hübner-Kosney: 47–49
G. Klebes: 80
H. Kreßner: 117
J. B. Kronawitter: 89
H. Kuom: 163
Landesbildstelle Berlin: Umschlag, 30–33, 43, 46, 51, 69, 76, 82, 91, 93, 94, 97, 98, 116, 147–150, 156–158
H. Lochmann: 160, 161
R. Ludwig: 60, 64, 65
H. Meyer: 127, 129
K. Pierson: 58, 62
W. Pragher: 105, 126
E. Schörner: 77
L. Schneider: 75, 143, 145, 151, 159, 162
Dr. U. Schulze: 106
Bildarchiv Süddt. Verlag: 78, 85, 136
W. Tausche: 131
H. Treichel: 74, 81, 90, 92, 107, 108, 119–123, 136
Ullstein-Bilderdienst: 45, 50, 67, 96, 110, 130, 138, 146, 152
Verkehrsmuseum Nürnberg: 12, 61, 84, 115, 132
Dr. H. Wolf: 5, 6
E. Ziegler: 118
Museum für Verkehr und Technik: 23, 24, 38, 40, 53, 55, 56, 63, 70, 71, 86, 164
Verkehrs- und Baumuseum im MVT: 7, 34, 42, 87, 95, 102 und Seite 11
Reichsbahn-Bildarchiv: 1, 3, 36, 79, 103, 104, 112–114, 124, 133–135

Alle übrigen Abbildungen aus der Sammlung des Verfassers